大夏书系·教师专业发展

徐世贵　李淑红　著

做个研究型教师

微课题研究实施指南

华东师范大学出版社
ECNUP　全国百佳图书出版单位

图书在版编目（CIP）数据

做个研究型教师：微课题研究实施指南／徐世贵，李淑红著.—上海：华东师范大学出版社，2019

ISBN 978-7-5675-8869-1

Ⅰ.①做… Ⅱ.①徐…②李… Ⅲ.①教学研究 Ⅳ.① G420

中国版本图书馆 CIP 数据核字（2019）第 033656 号

大夏书系·教师专业发展

做个研究型教师
——微课题研究实施指南

著　　者	徐世贵　李淑红
责任编辑	卢风保
封面设计	奇文云海·设计顾问
出版发行	华东师范大学出版社
社　　址	上海市中山北路 3663 号　邮编　200062
网　　址	www.ecnupress.com.cn
电　　话	021-60821666　行政传真　021-62572105
客服电话	021-62865537
邮购电话	021-62869887　地址　上海市中山北路 3663 号华东师范大学校内先锋路口
网　　店	http://hdsdcbs.tmall.com
印 刷 者	北京季蜂印刷有限公司
开　　本	700×1000　16 开
插　　页	1
印　　张	15
字　　数	206 千字
版　　次	2019 年 5 月第一版
印　　次	2023 年 7 月第十二次
印　　数	36 101-39 100
书　　号	ISBN 978-7-5675-8869-1/G·11877
定　　价	49.80 元
出 版 人	王　焰

（如发现本版图书有印订质量问题，请寄回本社市场部调换或电话 021-62865537 联系）

目 录

前言 课题研究是一把双刃剑 / 1

第一章 为什么要做微课题研究
一、走研究之路，教师之路越走越宽 / 1
二、课题研究高不可攀吗 / 5
三、怎样理解微课题研究 / 6
四、克服弊端，微课题研究要重实效 / 11

第二章 如何优选微课题
一、微课题研究先保证选题成功 / 17
二、课题选择上易犯的错误 / 19
三、怎样优选微课题 / 20
四、从哪里觅得合适课题 / 25

第三章 如何成功申报课题
一、什么是课题立项 / 31
二、课题评审未通过的主要原因 / 33
三、微课题研究立项的利与弊 / 33
四、如何做好微课题申报 / 34

第四章 如何设计微课题研究方案
一、微课题研究方案设计的重要性 / 43
二、课题研究方案的基本框架 / 45
三、怎样具体撰写微课题研究方案 / 48
四、微课题研究方案的调整 / 52
五、重视资料查阅与积累 / 52
六、课题研究"卡壳"怎么办 / 55

第五章 如何做好开题论证

一、开题论证会的目的 / 61
二、开题论证会的一般流程 / 62
三、怎样撰写好开题报告 / 63

第六章 如何做教育叙事研究

一、写好教育故事也是一种研究 / 69
二、什么是教育叙事研究法 / 72
三、怎样用好教育叙事研究法 / 75

第七章 如何做经验总结研究

一、教学经验是一座有待开发的富矿 / 83
二、什么是经验总结研究法 / 87
三、怎样用好经验总结研究法 / 89

第八章 如何做实验研究

一、用实验证明你的设想 / 97
二、什么是实验研究法 / 100
三、怎样用好实验研究法 / 101

第九章 如何做文献研究

一、从平凡中去发现问题 / 105
二、什么是文献研究法 / 113
三、怎样用好文献研究法 / 114

第十章 如何做调查研究

一、做点调查研究 / 119
二、什么是调查研究法 / 120
三、怎样用好调查研究法 / 123

第十一章 如何做教学法建构研究

一、学会梳理沉淀自己的教学法 / 135
二、什么是教学法建构研究法 / 139
三、怎样用好教学法建构研究法 / 141

第十二章 如何做个案研究

一、破解个案谜底 / 149
二、什么是个案研究法 / 151
三、怎样用好个案研究法 / 153

第十三章 如何应对课题中期检查

一、中期检查的基本程序 / 161
二、中期检查需要准备的材料 / 162
三、中期检查容易出现的问题与对策 / 163
四、微课题中期报告写作方法 / 164

第十四章 如何应对结题鉴定

一、结题鉴定的一般程序 / 169
二、结题鉴定所需材料的准备 / 170
三、课题结题鉴定会议的一般程序 / 172

第十五章 如何做好微课题研究成果的梳理与表述

一、名师告诉你成功的秘诀 / 191
二、微课题成果的梳理内容 / 192
三、微课题成果的梳理误区 / 193
四、微课题成果的梳理策略 / 195
五、微课题成果梳理写作方法 / 197

第十六章 如何做好研究成果的推广与交流

一、让微课题研究成果派上用场 / 206
二、怎样推广与交流研究成果 / 207

第十七章 执著比方法更重要

一、做课题研究贵在坚持 / 217
二、微课题研究要有钉子精神 / 221
三、怎样把课题研究进行到底 / 223

前言

课题研究是一把双刃剑

微课题研究属于教育科研范畴,怎样正确看待教育科研呢?有人把教育科研看得神乎其神,过分夸大其作用;有人轻视教育科研,认为其劳民伤财,是在做无用功。谁说的对呢?真正做研究的人应该敢于说真话。其实,教育科研是一把双刃剑,搞得好了有用,能促进教师快速成长,搞不好真的是劳民伤财而真没用。对此我们不能掩耳盗铃,自欺欺人。

毋庸置疑,多年来教育科研的成绩成果是主要的,但实效性也一直受到拷问。在课题研究热热闹闹的"繁荣"背后存在许多"泡沫",比如当前课题研究实际存在的"八多八少"现象:申报课题的多,能够深入研究的少;挂名坐车的多,实际搞研究的少;评估检查时汇报的多,平时落实的少;"装门面""赶新潮"的多,能够联系实际的少;急功近利求短期效应的多,能够持之以恒的少;应付上级要求的多,能够解决实际问题的少;研究成果评比奖励的多，推广运用的少；论文著作发表出版的多，阅读应用的少。总的来说，教育科研不容乐观。

教育科研的生命线在于它的有效性。那么，怎样来提高教育科研的有效性呢？笔者有三点建议：

建议一：提升研究能力。很多研究者是在不太懂科研的情况下去做研究的。研究随意性大，不会选题，不会制订研究计划，对研究方法一知半解。有了方案不知道从何下手，研究的基本程序、基本要求、基本常识都不懂，研究过程中喜好临时突击，研究前期、中期和后期缺乏连续性和完整性，一旦要结题，就只有匆匆忙忙凑资料、赶成果。所以研究质量无法保证。在转变研究者急功近利的错误观念的同时，应尽快提升研究者的科研能力。

建议二：简化课题管理。教育科研要防止两个极端：一是把科研简单化、随意化，二是把科研复杂化。后一种情况也是有害的。教育科研过分强调"严格的程序与规范"，过分强调"科学性"和"理论性"，让教师们感到教育科研"神秘""高不可攀"，无形中增加了教师的负担，也束缚了教师。"水至清则无鱼，人至察则无徒。"教育科研不能简单套用自然科学纯而又纯的研究方式。可以适当简化课题管理的程序和重复的内容，解放教师，给教师自主做研究的空间。

建议三：创课题管理新常态。教育科研搞得好不好，不在立项不立项，主要看实际效果。建议科研管理部门不仅要关注立项的课题研究，也要关注没有立项的课题研究，要知道有的课题研究虽然没有立项，但比立项的课题研究还有实效。科研管理部门应把工作重点放在发现研究成果和推广普及研究成果上。笔者在30多年间做了很多项研究，基本上都是没立项的研究，却获得了多项优秀研究成果。

空谈误国，实干兴教。本书的撰写重实用讲实效，摒弃了理论上的虚华和浮躁，具有以下特点：

（1）创新——有突破性。以往科研教材大而全，体例比较刻板，内容上讲概念、讲原理多，讲做法、讲实践少。科学性是没有问题，但实践性、操作性和可读性不强，教师不是看不懂，就是没兴趣。本书打破以往科研教材大而全、刻板等体例问题，更注重实践和操作，强化理论与实践、学习与应用的结合，以期教师看得懂，用得上。本书虽然以微课题研究为主题，但也完全适用于其他课题研究，即所有课题研究者都可以用得上。

（2）系统——综合性强。本书共分"课题研究与成长""课题选题与立项""方案设计与论证""课题实施与方法""中期检查与深化""成果梳理与推广"六个板块共十七章，比较全面系统地介绍了教师做研究的基本内容。也就是说，教师做研究所面对的选题立项、方案设计、研究方法选择、成果梳理和推广，以及如何应对各种检查验收等，这些内容书中都有较翔实的说明和介绍。

（3）实用——操作性强。本书突出"四重"，即重实际、重实践、重实效、重实用。教师做研究，与其絮絮叨叨地讲大道理，不如直接介绍方法经验，让大家知道具体怎样做。本书中很少有专业概念分析和高深的理论阐述，而更多的是具体介绍教师怎样做研究的操作方法和经验。本书引入了大量鲜活的实际案例，用实例来说明问题，使教师不仅能明白道理，而且还能知道该怎样做。

（4）易学——可读性强。真正受欢迎的东西总是简单而又深刻。过去有关教育科研的读本偏重于以研究人员为读者对象，因此偏深偏难，教师越读越没信心。本书则以教师为读者对象，摒弃了那些理论上的虚华和浮躁，更注重研究教科研中实际问题的解决。本书语言朴实、通俗易懂，教师能够看得懂，也能够用得上。

一个人能走多远，看他与谁同行；一个人有多成功，看他与什么人相伴。相信真心做研究的教师和校长以本书为伴，一定会少走弯路，甚至不走弯路，教育科研这条路会越走越宽广。

第一章

为什么要做微课题研究

"两眼一睁，忙到熄灯"，日复一日，年复一年，有的教师专业成长不快，总在原地打转转，一个重要原因是缺少有效专题研究。专题研究就是深挖一口井，在任何一个领域里，只要肯坚持花六个月的时间不断地进行阅读、学习和研究，就可以使一个人获得高于这一领域的平均水平的知识。一个教师想在教育教学研究方面做到短期速成，就必须目标专一，并由开始的一个主题拓展到后来的多个主题，这样就会触类旁通，快速将"一口井"变成"一片湖"。这就是微课题研究的力量。

一、走研究之路，教师之路越走越宽

如果用心对名师、名校、名校长作一番考察，你会惊奇地发现：他们中很多人的成长、成名都和积极开展研究工作有关。这不是一种偶然的巧合，教师要想快速成长，不妨走研究之路。分享一个案例：

课题伴我成长

郑州十二中　常社卫

梳理微课题研究一年多以来的心路历程，大致可以概括如下：一度热情——一时迷茫——一点触动——一路反思——几多收获。

（1）一度热情。本人初识微课题，是在2011年3月份。因为我们学校要求上报课题，同时又有资金支持，所以当时我热情很高，就踊跃报名了。当时我认为，课题研究跟写论文差不多，但是听了市教科所专家胡老师的讲座后，我感觉微课题研究没有那么简单。论文更多的是基于我的经验的一些理论总结，而课题则更加务实，它研究的是我们工作中的问题。开题准备工作开始后，我校教科室的"舆论"声音很大：开题这一关，学校要认真筛选，若不认真准备，开题将不予通过。我是个胆子很小的人，所以准备得很认真。很幸运，我的开题通过了。

（2）一时迷茫。课题研究的初级阶段，我有些迷茫了，感觉不知该如何展开。再加上自己有点懒，所以课题开展工作一拖再拖。我们几个课题组之间的组员交谈起来也总是感叹：没进展！怎么办？时间一周一周地过去，课题却仍然几无进展。另一方面，教学任务又很重：既要编写学习卷，又要备课，还要批改作业，更要时不时地给不交作业的几个学生"做工作"，真可谓焦头烂额！可是，教科室制定的条条框框却要求：每个星期必须有一篇反思，并上传到教育博客，教科室每周要检查一次，并在每周的课题例会上通报结果。在这种规定的压力之下，我感到自己别无选择，开弓没有回头箭，既然已经开题了，就要坚持下去。于是，我只好强迫自己行动起来，每周五（每周交反思的截止日期）上完课就赶忙坐下来，"搜肠刮肚"地写反思。

（3）一点触动。2011年11月4日—5日，我有幸到徐州参加了第三届全国

"教师'个人课题'研讨会",听取了南京市教科所和徐州市教科所有关专家的讲座以及当地一线教师在"个人课题"研究方面的成功经验,其中一些一线教师在课题研究方面的事迹深深地触动了我。印象最深的是南京市六合区横梁初级中学孙刚老师的发言——《行走在"个人课题"研究的幸福大道上》。

孙刚老师是从教学的现实困惑中开始"个人课题"研究的。几年下来,孙刚老师通过科研,一步步地解决了教学中出现的许多问题,从而走上了教学与科研的"幸福大道"。

孙刚老师是通过教研从教学的困惑中突围出来的。他的亲身经历,使我很受触动:人家也处于困境之中,人家也处于繁忙的教学之中,但人家为什么就能挤出时间来做"个人课题"研究呢?反观自己,跟人家有着相同的境遇,那么,是不是也应该学习人家的研究精神呢?

(4)一路反思。回来后,我要求自己静下心来,潜心去做课题研究。我认真思考自己在日常教学中遇到的一些现实问题:英语学习中写作的难度、学生对写作的惧怕以及老师对英语写作的灰心……我决定认真思考自己的课题,希望能从中有所发现。

学校教科室有硬性要求,为什么不趁此机会,督促自己呢?于是,我不再每周五临时抱佛脚了,而是随时随地进行反思,随时随地进行记录。渐渐地,我养成了反思的习惯:不仅在每节课后,我都会有意识地、正式地反思一下,并记录得失,就连走路、吃饭的时间,我也不放过……在结题报告中,我的"围绕单元话题进行英语写作教学"的基本观点就是在骑自行车回家的途中突然想到的。慢慢地,我所关注的教学中出现的问题越来越多,与此同时,值得反思的内容也越来越多。就这样,一边学习,一边反思,我所能想到的解决问题的方法也逐渐多起来。后来我发现,谈到课题时,自己会有一些想法,而每星期要交的一篇反思,已根本不算什么负担了,只要自己上完课后坐下来,一会儿工夫就完成了。

(5)几多收获。经过一年多的努力,课题终于圆满结题了。回头看看这一年多来自己的微课题研究之路，我发现，虽然累，但有不少收获：

第一，课题研究对学生有一些积极的影响。学生对英语写作有了感觉，写出的作文至少能看了；摘抄背诵短语和精华句子促进了学生对课文的理解；课文缩写提升了学生的阅读技能，有助于对课文的理解；课文续写或改写等写作练习，激发了学生们对课文的学习兴趣……

第二，课题研究使自己有了反思的意识。初期的反思，大多是在学校教科室制度的督促下，为完成任务而进行的。但一年之后我却发现：自己在遇到问题时，能习惯性地从课题研究的角度去思考，而且可以很快将这种想法转化成文字，这使自己思考问题的能力得到了提升；而随手写下的东西，也给自己以后的工作提供了值得借鉴的宝贵资料。

第三，课题研究促使自己积极阅读。在课题结题报告的准备和书写阶段，为使我的课题能更加出彩，圆满结题，我查阅了许多英语教学方面的期刊。通过阅读学习，我对自己在教学中经常遇到的一些似曾相识，但又不甚明白的理论、经验等加深了理解，我也再一次认识到经常阅读的必要性。这将会影响我以后的阅读生活。

课题研究过程中，自己认真思考，积极练笔。我结合学生在英语写作中常见的语法错误，进行了研究分析，据此撰写的两篇小论文《汉语负迁移对中学生英语写作的影响及对策》《中学生在英语写作方面的主要问题及应对策略》分别发表在2012年2月和7月的CN刊物《中学英语园地》上。

上面案例中，常社卫老师用自己微课题研究的经历证明：教师能做课题研究，而且做课题研究是促进教师快速成长的一个重要方法和途径，也能给教师带来快乐和幸福。追溯名师专业成长的道路，如于漪、李镇西、窦桂梅、吴正宪、于永正、贾志敏、支玉恒、董大方、毛荣富等一批全国知名教师的成长经历，哪一个不是伴随着"研究"成长起来的呢？教师走研究之路，路越走越宽。

二、课题研究高不可攀吗

每每说到课题研究，很多一线教师感觉高不可攀、可望不可即，不是不想研究，而是困难重重。看到那十几页的课题研究申请书就晕了，什么课题研究背景、课题界定、理论假设，根本就搞不懂什么意思，连申请书都不会填，研究就更别提了。因为没做过研究，被难住了。搞科研真的那么高不可攀吗？

很多教师对课题研究缺乏了解，其实搞课题研究并没有想象中那样难。对"难"也应辩证地看。古人说："天下事有难易乎？为之，则难者亦易；不为，则易者亦难矣。"（天下事有困难和容易的区别吗？只要去做，那么困难的也容易了；不做，那么容易的也困难了。）从平凡到卓越没有不可逾越的鸿沟。

回想笔者（此处指徐世贵——编者注）做研究的经历，从没专门学过怎么做课题研究。什么课题选题、研究背景、课题界定、理论假设，一开始根本就搞不懂是什么意思，都是从一点一滴学习积累做起，边学习，边研究。到后来，笔者不仅自己学会了搞研究，而且当上了管科研的副校长，指导学校老师做研究，还出版了《中小学教师教育科研》等几部专门研究教育科研的读本。笔者就是一个中专毕业生，书底很浅，可是经过30多年的努力，专业职称实现三级跳：评中学一级破一格，评中学高级破一格，而后又被评为辽宁省特级教师、首批正高级教师。如今是北京华师研究院的特聘专家，东北师范大学、沈阳师范大学等几所高校的兼职教授，辽宁省校长培训特聘专家。

从不懂课题研究到参与课题研究、主持课题研究，并逐渐成长为骨干教师和名师，这样的例子在中小学比比皆是，举不胜举，像泰山学院附属中学的孙明霞、福建省特级教师林珊等。从普通一线教师迅速成长为全国知名特级教师和专家学者的例子也是屡见不鲜的。

一线教师成为研究者并不难，不是高不可攀的，只要想做、愿做，在做的过程中不断学习、不断积累、不断改进，成果自然会水到渠成。天下没有比人更高的山，也没有比脚更长的路，就看你是不是努力。搞课题研究并非高不可攀，要相信：所有的持之以恒都将得到回报。

三、怎样理解微课题研究

什么是微课题研究？微课题研究即大家统称的小课题研究，是近些年来中小学中异军突起的一种教育科研方式：以教师在自己的教育、教学实践中遇到的问题为课题，运用教育科研方法，由教师个人或几个人合作，在不长的时间内共同研究取得成果，研究成果直接被应用到实践工作中去，并取得实效。可见微课题研究是相对大课题研究所提出来的课题研究，即一种"草根式"的小型化研究，它是一种"自下而上""土生土长"，具有乡土气息的研究。如下面这个案例便属于微课题研究。

初中生数学有效预习的研究

泰安迎春中学　李才菊

问题之发现：对初二、初三高年级的学生而言，预习是学生自学的一条有效途径。想学好数学一定要养成预习的好习惯。我现在意识到：原先让学生预习只是流于形式，平时布置作业时总是简单说一句："回家预习明天学的内容。"简单一句话，对学生而言没有起到实质作用。有些学生听话进行了预习，但也只是草草看一遍，看不出问题和疑点，有些学生连看也不看。怎样让学生预习才会有效呢？

问题之思考：怎样提高初中生数学预习的效果呢？经过一番思考，我认为首先要有步骤地、分阶段地引导学生学会预习，必要时开设预习指导课，在课堂上选取有代表性的内容，创设课前预习的情景，一步一步指导学生，让每一个学生都能掌握预习方法。

问题之对策：指导学生预习初步采用四步法，即做什么—怎样做—为什么这样做（用的是什么知识，有没有其他做法）—还有什么不明白的地方（或自己有何见解）。做什么：告诉学生预习的内容，也就是即将学习的内容，让学生心中有目标，这样才能有的放矢地阅读教材。怎样做：教给学生学习的方法，做到泛读教材、精读教材相结合，适当地做标记。为什么这样做：反映学生的思维角度和方向，明确知识与方法的应用。还有什么不明白的地方：让学生预习后发现问题或形成自己的想法。学生仅获得理论的指导是远远不够的，重要的是行动。

学生该如何做呢？

（1）读：阅读教材，初步了解概念、定理及例题的分析等。

（2）划：划出重点知识。

（3）思：思考新旧知识的联系，思考定理的条件及结论，思考例题的解题思路及方法等。

（4）用：用自学到的知识来解随堂练习，与书上例题对照或与课堂上老师讲的对照，以便发现自己出错的地方。

（5）注：把自己不理解的内容在书上注明，带着问题去听课，会更有针对性、目的性。

研究之效果：如今预习已引起老师和学生的重视，学生认识到养成预习的习惯是学好数学的有效途径；学生在预习中培养了自学能力，为终身学习打下良好基础，学习成绩得到进一步提高。（引自泰山教育网）

（一）微课题研究的特点

与大课题相比，微课题有以下几个特点：

1. 小——切口较小，内容单一。所谓"小"即小巧，指向小问题、小环节、小项目：一是研究范围切口小、周期短，容易操作，解决教师在教育教学中遇到的困惑与问题。研究的内容和角度可以是教学过程中的某个章节或专题，可以是教育教学中存在的现象、案例、问题等。二是研究成果灵活，可以是一种经验总结、一种教学模式展示课、一篇独特的教学设计或教学论文等，也可以是研究小报告、访谈记录、调查问卷及报告、学生作品，还可以是音像作品、课件、图表或教具等实物。三是规模小，研究涉及的范围小、人员少、时间短，因而投资少。

2. 活——自由选择，自主性强。所谓"活"即运用灵活：一是选题立项活。微课题从本质上来说是一种个人研究行为，课题可以申报立项，也可以不申报立项，提倡一种"教学即研究，教师即研究者，成果即成长"的理念。二是研究内容和时间活。微课题研究什么、什么时候研究、怎么研究，不需要囿于教育科研课题规划部门所提供的选题指南，教师可以"我的事，我做主"。三是组织形式活。可以一个人承担一个研究项目，单独开展研究，也可以成立两人及以上的小组共同研究，还可以以教研组、备课组、年级组、教学班的教师为单位，组建微型课题组，开展研究工作。微课题可以重复研究，不同学校的教师或课题组可以同时或先后研究同一个问题。微课题人人都可以研究，时时都可以开展，处处都可以进行，研究在兴趣中生根，在实践中开花，在过程中结果。

3. 实——从实践中来，为实践服务。所谓"实"即实在、实用，"面对真问题，开展真研究，获得真成长"：一是选题"务实"。微课题研究针对教师教育工作中遇到的盲点、热点、难点、疑点，选题贴近学校、贴近教师、贴近教育教学实际。如上课时，学生不愿举手发言怎么办？也许这类问题有些小家子气，但它们恰恰又是众多一线教师在日常教学活动中遭遇的最为真实的难题，是影响教师顺利组织教学活动的现实问题。二是研究过程"踏实"。这些研究对教师来说，既实在也实用，教师用自己的语言叙述自己的实践，从自己的实践中提炼自己的经验，让自己的经验体现自己的特点。三是研究成果突出行动，操作"实"。即"做得好"的基础上"提炼得好"，"做得好"表现在实践上有真正的行动研究，"提炼得好"体现在对研究的做法进行有效总结。

4. 快——周期短，出成果快。所谓"快"即时间短，见效快：一是即时性。一方面，微课题生成于教师的教育实践之中，根植于教师的课堂教学之中，具有随机性、偶发性、情景性，常常是不约而至。另一方面，微课题的研究周期显得很灵活，课题研究的时间视研究的内容而定，可长可短，时间短的两至三周就可以解决问题，长的三至五个月，最长的一般不超过一年。它不需要固守三五年的研究周期。二是见效快。由于研究的周期短且基于在实际工作中解决具体问题，因而速度快、效率高，一个问题解决了，就可以得到一点收获，就可以转入下一个问题的研究。有些研究不需要触及该问题的方方面面，不需要形成系统的经验总结，也不苛求一定要将自己的研究心得发表，关键是教师要体味到有所收获、有所成长。

5. 简——结题自由，成果多元。从研究管理来看，微课题申报随时、方案简洁、结题自由、成果多元。从研究过程来看，选题论证、方案设计、立项、实施研究等都没有规划课题研究那么复杂。教师基于教育教学，以解决工作过程中的具体问题为任务，对自身的工作进行自我观察、内省、反思，这是一种贴近教师、贴近生活、贴近工作实际的田野研究。

大课题与微课题的研究区别是相对的，它们之间是相互联系的，如通过微课题研究培养教师进行课题研究的能力，为进行大课题研究作准备；而大课题研究也都可以细分成许多微课题，通过微课题研究把大课题的研究具体化。正如陶行知先生所说："对于教育问题，用分析的客观的方法研究。将大问题分析为数十数百个小问题，每一个小问题至少有一人继续研究办理，如是，即大问题也不难解决了。"我们做了一个对比表，老师可从中加以区别。

大课题研究与微课题研究的比较

过程 类别	选 题	管 理	方 法	投 入	结 果
大课题 研 究	偏重宏观重大问题	受制约于上级科研部门，严管立项、研究、结题验收	实验研究、调查研究、文献研究等方法	耗费人力、精力、财力较大	结题报告等相关资料
微课题 研 究	偏重教育教学微观实际问题	在学校帮助下教师自主确定研究内容、时间、方法、进度	以边工作、边学习、边研究的行动研究为主	耗费时间、精力、财力相对较少	教育教学案例、教学模式总结、教育教学经验小论文等

注意：微课题研究降低了科研难度，适当缩小了研究范围，但并不意味着可以随意，可以轻而易举取得成果，既然是一种研究，从选题到方案设计，从课题实施到成果梳理提炼，都要认真细致地去做，也就是说，研究就一定要付出努力，并且要有创新突破。

（二）微课题研究的过程

通常，微课题研究如果申请立项要进入课题规划管理。流程大致分为七个步骤：选定课题—申报立项—开题论证—实施研究—总结成果—结题鉴定—应用推广。如果不进入立项管理，研究过程可由教师自己掌控。

通常，教师实施微课题研究总要经历以下六个步骤：

第一步：发现问题。提出来一个问题，比解决一个问题更重要。问题即课题，教师微课题研究首先要能发现有价值的研究问题。如前文泰安迎春中学李才菊老师的"初中生数学有效预习的研究"就选得很合适，提倡预习不是什么新的观点，但预习的有效性就是一个值得研究的问题。发现问题、提出问题，又设法解决它，就有价值。

第二步：课题确定。问题不一定就能用来做课题，因为问题多数情况下比较大，涉及面广。面对诸多的实际问题时，教师究竟该选哪一个呢？当问题成为困难时，教师需要分析问题的主要表现与原因是什么，把握解决问题的要害，从大的问题面中确定一个小的微课题来研究。

第三步：设计方案。有了微课题的题目，怎样去研究？这需要有一个思路和计划，也就是要制订方案。

第四步：尝试操作。微课题研究的核心是行动，即按照研究方案的设想去尝试实践检验效果的过程。

第五步：总结反思。人们对规律的认识往往都不会是一次完成的，而需要一个反反复复的过程。所以微课题研究要想获得成功，也必须经历反复的尝试—总结—修改—再尝试—直至成功的过程。

第六步：成果表述。有了研究成果，如果不经过梳理提炼，还是零散的、感性的、隐性的，这就需要梳理提炼，写出研究报告或教育叙事、论文、教学案例、课例报告、经验总结等等。

当然，教师开展微课题研究也绝非一定要按照以上六个步骤一板一眼去做，有时可以同时做几件事，比如发现问题的同时也就确定了研究课题等。总之，微课题研究要由浅入深，先易后难。星星之火可以燎原，微课题能成就大事业。

四、克服弊端，微课题研究要重实效

实践与有效是教育科研的生命线。有人夸大教育科研的作用，把教育科研说得神乎其神，有人诋毁教育科研是在做无用功，劳民伤财。谁说的对呢？检验的标准即是否真实与有效。

（一）教师"有效"研究之追问

多年来，课题研究在中小学中发挥了重要作用，成绩是主要的，但教育科研的实效性还是受到拷问：课题越搞越大，问题越研究越深，课题越申报级别越高，文章越写越空，研究成果越研究离实践越远，科研的可信度越研究越低……

为什么会出现上述情况呢？

1. 从研究选题来看：

（1）选题大、空、难，忽略对教育教学细小环节的研究，脱离教师、学校实际；

（2）偏重理论移植研究，教师不是基于自己的课堂、学生搞研究，而是从书本中去找答案，搞书斋式、注解式研究；

（3）很多教师缺乏问题意识，不知如何选题，眼睛只落在上面下达的课题指南上。

2. 从研究动机来看：

（1）出发点不对，单纯为了职称晋级去申报课题，并不是真心去搞研究，追求急功近利的"成果"；

（2）叶公好龙，想做研究，但是浅尝辄止，遇到困难或者工作一忙，就没有时间和精力进行课题研究；

（3）有些教师搞研究出于无奈，没有主动性、积极性；

（4）对教育研究存在一些认识误区，对教育科研有"距离感"，认为教育科研深奥，高不可攀。

3. 从研究过程来看：

（1）重"申报与结题"，缺少研究过程的"中间"环节，结题报告只是文字的拼凑；

（2）缺乏具体指导，教师想搞研究，但是不会研究，干着急，使不上劲。

4. 从研究管理来看：

（1）搞纯而又纯的研究，过分强调课题研究过程的科学、规范，太八股；

（2）缺少教师自主研究，过分强调统一"规划"课题，过分强调"集体"研究，统得太死；

（3）在课题研究中，坐车的多，真正参与研究的少。

5.从研究结果来看：

（1）重复的课题多，独创性的研究课题少；

（2）课题研究数量多，而"新""精"型成果少；

（3）研究与应用两层皮，课题研究的成果不能及时转化为"教育生产力"。

著名特级教师李镇西在《教育科研：警惕伪科学！》一文中曾指出当前教育科研十大弊端：迷信权威，亦步亦趋；"课题"崇拜，华而不实；眼睛向上，追赶时髦；故作"特色"，滥贴标签；说做各异，阳奉阴违；冠冕堂皇，以售其奸；论著晦涩，不知所云；职称论文，虚假写作；虚张声势，热衷炒作；"科研"牟利，以饱私囊。

简而言之，现在教师的课题研究存在许多亟待解决的问题。

（二）教师需要怎样的研究

教师需要怎样的研究？实际上这是给中小学课题研究定位的问题。科研是一把双刃剑，搞得好，能促进教师的专业成长，提高教育教学工作效率；搞不好，不仅对教师帮助不大，而且耗费教师的工作时间和精力，劳民伤财，得不偿失。

那么，怎样给中小学教育科研进行定位呢？以下意见可供参考。

1.不能走大路就走小路。教师的研究不要搞得太深太难。教师的经历和专业特点，决定了他们中的大多数是搞教育教学为主，从事研究搞得太深太难，对他们来说是一件很难的事。不能走大路就走小路，不能搞大题就搞小题，先易后难，以小见大。开展一些微课题研究，跳一跳他们可能还够得着。微课题研究实施要点：第一，选题要实；第二，开口要小；第三，素材要多；第四，总结要精。

总之，要"低重心，大面积，专题式，见成效"。比如，研究学困生的成因与转化，通过研究最终使学困生不断进步，不再是学困生了，就是成果；研究课堂导入模式，原本学生缺乏学习兴趣，对学习没有热情，通过研究改变课堂的导入方式，激发了学生的学习热情，使学生从此爱上某个学科，就是成果；一个总是说脏话、惹是生非的孩子，通过研究，不断改变教育方式，让学生真正发生转变，成为一个有礼貌、讲文明的好孩子，就是成果。

2.立足实际，讲究实用。教师不能为了搞研究而搞研究，有些教师做研究，期待从上面下达的课题研究系列里选一个题目，而后跟着人家做研究，研究来研究去并没有解决自己的什么问题。其实，真正的研究是从自己的教育教学困惑和需要中找问题做研究，解决自己的问题。比如李吉林的情境教学、刘可欣的主体教育、吴正宪的小学数学教学改革、窦桂梅的语文教学三个超越、钱梦龙的语文导读艺术、李镇西的民主教育、邱学华的尝试教学法等等，都是立足于自己的教学实际，讲究实用。所以教师的研究工作要扬长避短，避虚就实，坚持四重：重实际、重实用、重实践、重实效。

3.常规工作研究化。即边工作，边学习，边研究，边总结，在自然状态下做研究。用教育科研专业术语来说就是做行动研究。教师不是专业研究者和教育工作的复杂性，决定了：（1）研究必须基于自己的工作；（2）研究不能太深奥、复杂、烦琐；（3）教育科研不能纯而又纯。研究工作搞复杂、烦琐、深奥了，反而会让教师产生畏难感。也就是说，纯而又纯的教育科研，反而把教师吓着了！

4.我的研究我做主。诚然，教师搞研究需要专家、领导的引领、帮助和指导，但是研究毕竟是教师自己的事，应由教师自己确立课题并独立承担，教师即研究者，是研究的主角，而不是配合专家进行研究。如果从立项到研究，到总结经验，都是在上面教科研部门和学校领导的牵制下进行的，今天写材料，明天打报告，后天来检查验收，没有了教师自己的真实研究和思考，这种研究还有什么意义？

宝贝放错地方便是废物。教师做研究要根据自己的业务特长，结合自己的爱好，考虑到教学实际的需要而独立进行某个方面的定向研究。在这个世界上，每个人都有自己的长处，每个人都有自己的潜在优势，每个人的才智也各不相同，课题研究要想取得成功，关键是认识自己的长处，发掘自己的创造潜力，发挥自己独具的才能，走出一条最适合自己发展的道路。

5. 成长比成果更重要。过去搞研究，我们的眼睛盯在研究成果上，如多少省、市级课题，写了多少论文，出版了多少专著，获了多少科研成果奖等。其实，教师成长何尝不是成果？教师观念有转变，方法有改变，经验有积累，何尝不是成果？要关注教育的研究成果，更应该关注教师的成长。

如甘溪中心校刘忠铎老师参加微课题研究后谈了这样的感想：

我于2012年5月参加了安康市微课题研究，这对我承担的体育教育教学工作有很大促进，这几个月来，我感想颇多，现在归纳如下：

（1）自己变得勤勉了：以前自己在教学中很随意，对学生的心理、行为不探究，对学生的运动方式不研究，说过了就忘掉了。现在由于要研究，对学生的所作所为随时记录下来，并能采用一定的教育方法对他们严谨施教。改掉了以前当一天和尚撞一天钟、得过且过的工作态度。

（2）自己的思维变得敏锐了：以前遇到学生之间发生矛盾、产生纠纷时，一般采取简单粗暴的教育方法让他们服从，现在我会具体问题具体分析、具体人物具体对待，对不同性格的学生采用不同的教育方法，力争使每位学生都能正确对待自己的缺失，建立和谐的生生关系、融洽的师生关系。

（3）自己的生活变得充实了：以前自己思想守旧，认为不久就要退休了，可以不用努力了，而长江后浪推前浪，后来毕业参加教育工作的年轻教师接受新知识比较快，应多承担一些，于是就养成了惰性心理。现在由于要从事此课题的研究，要自己动脑，自己动手，在动脑、动手中产生了浓厚的兴趣，通过学习实践使自己变得充实了。

这位教师通过开展微课题研究，思想观念、教育教学行为，乃至心态方面都发生了变化，能说他没有成果吗？基于研究，教师的劳动会成为一种乐趣，天天上课就不会成为一种单调乏味的义务，教师会觉得很幸福，这都是研究的成果。

当然，成果需要一定的表达方式和材料来佐证，表达成果就是要写出完整的研究总结报告，佐证材料就是证明研究的过程和结果的材料。佐证材料可以是发表的文章和著作，也可以是教师写的随笔、记录的一个个故事，还可以是系列照片、音像资料等，甚至教师在研究中有关的教学笔记、教学设计、作业、调查问卷等都可以成为成果的佐证材料。

第二章 如何优选微课题

方向比努力更重要,有的教师搞课题研究之所以收效甚微,并不是因为不会研究,也不是因为研究不深,而是因为选题不当。良好的开端,是成功的一半。缘此,搞微课题研究必须高度重视选题,选题成功,研究才有可能成功。

一、微课题研究先保证选题成功

人不怕路走得远,走得累,就怕走错了方向,选题决定着研究的成败。微课题研究必须重视选题。来自一线教师的调查表明,教师做科研有四道坎:一是观念坎,认为搞研究十分复杂烦琐;二是选题坎,许多教师想搞研究,但不知道研究什么,不会选题;三是方案设计坎,不会设计研究方案,即使方案设计了,也不知如何开始实施;四是提炼坎,成果搞出来了,但不会梳理提炼,"茶壶煮饺子——倒不出来"。提出一个问题比解决一个问题更重要，教师要想做好微课题研究，必须突破"选题坎"这道关。

微课题研究首先要在选题上下功夫，以保证成功。来看一位教师的切身体会：

我选择的微课题研究的题目是"如何帮助内向性格的学生"。其实刚开学时我就发现我班有一部分学生性格比较内向，当然，不能说内向性格不好，但有时确实因为这种性格错失了许多机会，影响了他们各种能力的发展，所以，我就比较注意我们班的这部分孩子。后来，学校要求我们确立自己的微课题研究，我就确立了这个课题。

在这部分孩子中，C和S情况比较突出。说实话，对于怎样帮助这样的孩子，一开始我也找不到方法，所以我找来了相关书籍，先了解内向性格是如何产生的，如何帮助他们。然后，我和家长进行了沟通，进一步了解了孩子在家里的一些表现。将这些情况都了解后，我制定了一系列针对这部分学生的措施，比如课堂上多给他们表现的机会，多鼓励表扬他们，与其他任课老师沟通，及时了解他们的情况等等。通过这一系列的措施，这些孩子有了很大的进步：C从刚开始的一句话也不说，到现在能主动回答问题了；S也敢于站在人前说话了。这对于其他孩子来说可能不算什么，但对于他们自己来说算是跨出了一大步。

这些孩子取得如此大的进步，我非常高兴。

这个微课题的选题是很有价值的。首先，这个选题是从自己身边找到的有价值的问题，在自己熟悉的领域进行研究，有针对性。其次，这个选题有意义，立德树人，教书育人，对学生良好性格的培养影响学生的一生。最后，这个选题大小适中，便于操作。

二、课题选择上易犯的错误

什么是课题选择？课题选择就是研究者要确定研究的范围、内容和方向。通俗地说，你要研究的是什么，要解决什么问题，这"什么"就是课题，确定"什么"的过程就是课题选择。

教师选题上常常出现的问题：

1. 选题太大，越研究越复杂。选题大是教师搞课题的通病：一是盲目跟风，一个时期上面搞什么，自己就搞什么；二是不能从大的问题中选取一个小的方面去研究，而是跟着上边的口号跑，如关于素质教育的研究、关于心理健康的研究、关于课堂有效性的研究，有些问题一些专业研究人员都研究不明白，一个普通教师抱这样大的课题去研究不是自找苦头吗？

2. 选题太空。所选课题根本不是源自教学实践的真问题，导致选题不恰当。我们中小学教师受理论水平和科研时间的限制，教科研工作只能是以应用研究和开发研究为主，而不是以理论研究为主。但是，有相当一部分中小学教师为了达到早出成果、快出成果的目的，都比较喜欢选择理论性课题。事本近而求诸远，事本简而索诸繁。有些教师舍近求远，放下身边鲜活生动的课题不研究，而是跳出实践去研究高深的长篇大理论，在办公室里搞"书斋式""注解式"研究，导致教科研工作与实际工作相脱节，研究的问题并不是学校和教师自身所需要的。从书本到书本，扬短避长，研究的成果价值十分有限，这就只见文字不见效果。

3. 问题不会转化。教师选题应注意抓问题，但问题不一定就能确立为课题。有的问题需要分解转化才能成为课题。但是许多教师简单地把问题确立为课题，缺乏从问题到课题的转化能力。如"中国青少年非智力因素研究"这个课题，就太大了，使人难以入手。一者它的研究对象是中国青少年，个人根本无法研究；二者"非智力因素"是一个外延很大的概念，要从哪一方面着手，"研究"并没有加以限定，很难操作。

4. 缺乏选题预设。选题时没有对研究过程、解决问题的途径与方法进行预设。

三、怎样优选微课题

那么，教师如何做好微课题研究的选题呢？也就是说，教师怎样才能优选出既有价值，又符合实际，研究范围还大小适中的课题呢？通常，教师选择微课题时应该考虑"三有一微"。

（一）有价值——该做

什么样的微课题是好课题？关键是要有研究价值，有价值的课题才是该做的课题。如下面这两个案例。

案例1：有一所学校年轻教师多，班主任中途休产假的只好换班主任。有位老师中途接班时感觉要做的事情太多，了解学生原有的学习习惯、学生的个性特点、家庭教育等等问题全摆在面前，焦头烂额中就想到，要是把中途接班的问题作为课题研究，或许不至于这么手忙脚乱没头绪。于是，她联合几位同样中途接班的老师一起商量，开始梳理中途接班中的各种问题，寻找解决问题的方法措施，并申报了课题"初中中途接班学生管理的策略研究"，最后取得了很好的研究成果。现在，该课题的成果已经推广到各个年级，成为所有中途接班班主任的学习借鉴材料。

案例2：有一位老师在做班主任的工作中，每周都会根据学校要求认真准备班会课，一段时间后，他感觉只是完成学校布置的班会课任务，还不能满足本班管理的需要，于是就尝试着改变班会课的形式，由过去老师讲变成师生共同准备，学生走上讲台主持班会，并结合班级日常情况增加班会课内容。在此基础上，该老师申报了"初中系列主题班会课的设计与实施研究"这一微课题，形成了从初一到初三的系列主题班会课内容，为全校班主任老师提供了很好的借鉴。学校德育处也由此受到启发，进一步深化了对主题班会课的管理与指导，申请了"十三五"课题"初中系列主题班会课程化的实践研究"，并通过了省级教育科学规划"十三五"课题的立项申请。

上面这两个案例之所以有研究价值，是因为所选的课题有针对性、创新性、实用性。教师选题一定要充分考虑这三个特点。

1. 针对性。从大的方面说，要针对时代特点，符合时代要求。从小的方面说，要针对教学工作重点、难点和热点问题，选那些迫切需要解决的，有代表性、典型性的课题。

2. 创新性。课题研究关键在于创新，没有创新就谈不上研究，所以要选择有新意的、有独到之处的课题，不搞无效的重复性劳动。一是对尚无他人研究的课题去开展研究；二是对已有人研究过的问题有新的突破。

3. 实用性。搞研究应求效益，求应用，而不是搞名堂，走形式。研究成果应有推广价值，对别人有启发、指导和借鉴意义。

教师选"有价值"的课题，应做到"四点"：

第一，抓住难点。中小学教师在教育教学实践中，每天都会遇到一些实际问题，如学生学习兴趣不浓、学习习惯不好、课堂教学效率低下等，这些问题虽然有不少人进行了研究，但并没有完全解决。另外，在教学中我们经常会遇到困惑，比如近年来盛行"赏识教育"，它适合所有学生吗？难道教育就不能有批评和适当的"惩罚"吗？该如何把握度？有的教师根据这样的疑问确定了"适度惩罚对形成儿童良好行为的效果研究"的课题。

第二，挖掘亮点。教师们一般在自己的教育教学实践中，会积累一些成功的经验。如有的教师善于做学习困难学生的工作，形成了良好的师生关系；有的教师善于培养学生的写作兴趣，提高学生的写作能力；有的教师在组织课堂教学方面很拿手，课堂秩序很好；有的教师在班级管理方面有自己的一套做法，带出了文明班级……这些都可以成为研究的选题。比如，一位教师发现自己上课时废话多，就以"如何净化课堂语言"为研究课题，收获了日趋干净的课堂语言和实实在在的课堂效果。可见有时微课题也能够挖掘出大的金元宝。

第三，寻找盲点。盲点就是别人还没有发现的选题。别人已经研究的东西，我们再去研究，往往费力不讨好。在课题研究中如果能独辟蹊径，可以在学科与学科之间，学段与学段之间，学校教育与家庭教育、社会教育之间的"边沿地带"，寻找未解决的问题，确立研究的课题。如课堂的小组合作学习，各个学科、不同年级的很多教师都在研究，我们再去研究，很难有所突破。但其实小组合作学习中，也存在着盲点，如在给学生分组时，差生一般谁都不愿意要，如果你能从这个方面去深入研究一下，寻找一点突破，就很容易取得成果了。

第四，关注热点。作为中小学教师，要有一双善于发现有意义问题的眼睛，其前提之一是教师要对自己所从事的教育教学工作有较为深入的了解，并保持经常的关注。机会总是偏爱那些有准备的头脑，对头脑一片空白的人来说，机遇往往会擦肩而过。要成为研究型教师，就要经常阅读与教育相关的报纸、杂志，经常浏览权威学科教育网站，参加一些学术活动，多到名校去参观学习……这样做，有助于对国内外教育理论及实践有深入的了解，从而更好地进行研究，尤其是对相关热点问题进行研究。

（二）有能力——能做

有价值的课题，如果自己的能力不能胜任，研究就会落空。课题的选择必须充分考虑主客观条件，分析课题在实际研究过程中的切实可行性。从主观方面看，自己是否具备课题研究必需的知识水平和研究能力？自己的经验、精力，以及兴趣所在等是否能满足研究的需求？从客观方面看，是否有必要的资料、工具、设备、经费、时间？是否能得到领导的支持和各方面的配合？

总之，要做到由点到面、由浅入深、由小到大地进行研究。课题应该从生活现象入手，从工作中碰到的问题入手，从对学生学习的思考入手，使选题与自己的能力相适应，不贪大求远。如对中小学衔接教育的研究很有价值，但是它需要小学和中学两个学段共同做好工作，作为一个普通教师，很难做好两个学段的沟通工作，因此，这一课题就很难做。如果选了这样的课题，就是给自己出了难题。所以教师找选题不仅要看有无价值，还要看自己能否胜任。

（三）有兴趣——想做

要做自己喜欢做的事。微课题研究的选题，除了考虑自己的特长优势，还要考虑自己是不是真正喜欢。要成为最好的自己，最重要的是要发挥自己所有的潜力，追逐最感兴趣和最有激情的事，当你对某个方面感兴趣时，你在走路、上课、吃饭乃至上厕所时都会念念不忘，此时你最有灵感，你也最有可能在这方面取得成功。而这时也许你并不是为了成功而工作，而是为了享受而工作。

正如比尔·盖茨说的那样："每天清晨当你醒来的时候，都会为技术进步给人类生活带来进步和改进而激动不已。"做你喜欢的，你才会把工作变成生活，你才会在工作中享受生活，潜能才能发挥出来；做你喜欢的，你才能在做的过程中感受到快乐，享受人生的幸福。相反，一个人去做自己不喜欢、不愿做的事，不仅做不好，而且会是一种负担，是一种折磨，甚至是一种煎熬。而教师的微课题选题如果是自己喜欢做的事，可以实现自己的愿望，内心当然就会充满愉悦和快乐。

（四）很微小——做实

一线教师做课题研究一定要在微小上下功夫，以微小的角度来研究问题。课题研究范围一大，内容就多，就会广而不深，中心不突出。可以说有许多教师做课题研究做着做着就做不下去了，十有八九是课题做大了。尽管专家反复强调课题选择要小，可是很多教师仍然不肯在小上下功夫，课题研究越来越大、越来越虚、越来越空，研究到最后，自己也说不清研究了什么。比如"中学语文赏识教学的研究""小学数学有效教学策略的研究""学生学习兴趣培养的研究""美术欣赏能力的研究"等课题，对于微课题研究来说就太不合适了。

一个针尖容易扎得深，而一个平面却难以深入。因此，一般来说微小的课题更容易深入，即"微课题，短周期，快出果"，课题大则难于深凿。课题选择千万不要犯贪多、贪大的毛病。"微小"是微课题研究最突出、最本质的特征。如果离开了"微小"，就不能称为微课题研究了。现在很多教师的微课题研究一直难以"微小"下来。

从研究的方向来说，专业研究人员的研究通常是宏观层面的，通过研究形成新的理论。但一线教师的研究，应更多趋向微观层面的研究，研究的目的是解决自己遇到的困惑、问题。这样的研究往往是很个性化的，只适合某个班级、某位老师甚至某个学生。比如，针对某个学生每天不交作业的问题，教师开展研究，找出他不交作业的原因——通过走访家长、学生、任课老师等了解该生的学习习惯、家庭生活、交往情况、学习基础，还有他的性格、智力情况等，最后制定具体措施，帮助学生改正缺点……这个研究只针对这一个学生，不是为了发现规律，而是为了解决具体问题。

所以，一线教师做研究，尽量不要去研究宏大的教育问题，而要寻找教育教学中的具体问题，将自己遇到的难题或者困惑作为研究的主题（课题），这样研究就不会空洞、盲目。行动研究、叙事研究以及个案研究，更适合广大中小学教师。

选择微课题要处理好"课题"与"项目"的关系。课题与项目既有区别又有联系。项目可以看作是问题，"问题即课题"并不是说所有的问题都可以原封不动地拿来进行微课题研究，而要从"可行性、价值度"两个方面进行必要的分析提炼。教师需要把项目的大问题分解成微小问题来做研究。比如，上级下发的项目"基于学生核心素养发展的基础教育课程与教学改革研究"就是一个全国性的研究课题，非常宏观，不是直接指定谁可以研究，而是让老师们根据大课题的要求自由选择一个角度开展研究。老师们若申报子课题，要根据自己所教学科和具体工作开展相关研究，而不可能直接研究这么宏大的问题。有的老师根据大课题的要求，申报了自己的子课题"提升学生核心素养的初中语文校本课程开发的研究""基于学生核心素养发展的初中化学实验教学改革研究""基于学生核心素养发展的初中生物作业设计研究"，从中可以看出，宏观的课题到了学校、具体学科及老师那里，就要化解成与自己工作密切相关的问题开展研究。

总之，可以"小题大做"，以小的角度研究大问题，"先小后大"，"先易后难"，重在突出重点，目标专一，不能四面出击。

四、从哪里觅得合适课题

有句经典的话：提出一个问题比解决一个问题更重要。教师要有问题意识，善于发现问题。从哪里发现问题？教师要注意选题的来源，即抓住可能产生选题灵感的时机，争取在稍纵即逝的教育教学活动中捕捉灵感。

（一）困境中寻找问题

在教育教学中，教师难免遇到各种各样的困境和矛盾。教师可将这些教育教学实践中无法迅速有效解决而又绕不开的问题作为研究对象，进行研究，一方面有了研究课题，另一方面也有可能让自己走出这些困境。如有位教师遇到过一位非常厌学、极端自我的男生。该生平时上课总是无所事事，不是东瞧西望，就是做一些与上课无关的事，即便遭到教师的严厉批评，该生要么无动于衷，要么跟教师发脾气，一副目中无人的样子。这位教师在详细了解了该生家庭教育（该生是独子，在家非常受宠爱，现在家长对他也无可奈何）、小学教育的情况，了解了他的性格特征、兴趣爱好、个性倾向后，选择将"极端自我中心主义学生的教育对策个案研究"作为努力方向，取得了一定的成果。

再如可以从自己的日常工作中发现问题,再把问题转化为研究的课题。比如,有教师提出:"学生进入初中后两极分化现象非常严重,我该怎样对待班级中学生的两极分化问题?"从班级管理的角度,老师就可以从为什么出现两极分化,可采取什么措施帮助学习困难的学生获得进步,如何缩小差距等方面开展研究,进而形成课题"初中生(或具体到×年级×班班)两极分化的成因及对策研究",如此,就可以明确自己究竟要如何开展研究了。提出上面问题的是一位数学老师,她还可以从学科的角度去研究"初中数学学生两极分化的成因及对策研究"。再如,一位教化学的老师提出:"初中化学中概念公式很多,学生不太感兴趣,怎样将化学问题与生活连接起来,提高学生对学化学的兴趣?"他的问题就可以提炼为"初中化学概念教学的策略研究"或"初中化学教学生活化的途径探索"等课题。

(二)阅读中发现问题

教师有时在读书读报、上网查阅资料中,受作者某一观点、某一件事、某一句话的启发,可能产生某个选题的灵感。如有位小学语文教师在教学《我最好的老师》一课时,思路怎么也拓展不开,后来在网上查阅到这样一个故事:

嗅苹果的故事

学生们向苏格拉底请教:怎样才能坚持真理?笑容可掬的苏格拉底让大家坐下来,随后取出一个苹果。他用手指捏着,慢慢地从每个同学的座位旁边走过,一边走一边说:"请同学们集中精力,注意嗅一嗅空气中的气味。"

然后,他回到讲台上,把苹果举起来左右晃了晃,问:"哪位同学闻到了苹果的气味儿?"有一位同学举手回答:"我闻到了,是香味!"

苏格拉底再次走下讲台,举着苹果,慢慢地从每一个学生的座位旁边走过,边走边叮嘱:"请同学务必集中精力,仔细嗅一嗅空气中的气味儿。"

稍停，苏格拉底第三次从讲台走到学生们中间，让每一个学生再嗅一嗅苹果的气味儿。

经过三次"嗅一嗅"之后，除一个学生外，其他学生都举起了手，都说闻到了苹果的香味儿。

那位没举手的学生环顾周围看了看，觉得一定是自己错了，于是也随波逐流地赶紧举起了手。苏格拉底脸上的笑容不见了。他举起苹果缓缓地说："非常遗憾，这是一枚假苹果，什么味儿也没有。"

这个故事与《我最好的老师》一课中怀特森老师的做法是十分相像的，于是她把这个故事引入了课堂，大大提高了课堂效果。以此为契机，该教师进行了小学语文课程资源开发的微课题研究，取得了可喜的研究成果。

（三）实践中发现问题

微课题几乎全部来源于教育教学实践。教师不要盲目迷信名家和书本，教师关注发生在自己课堂和身边的那些问题、感悟与经验更重要。因为这是原生态的、有生命温度的，往往更真实鲜活，更可靠。如有人通过观察发现：

一位小学教师在一天里与学生进行过1000多次人际交往。

一位教师课堂提问只是局限在第一排和教室中间区域的同学，提问面只占全班同学的23%，而另一位教师偏好提问男同学和优秀学生，其中一位同学一节课被提问8次，而有7位内向的女同学开学以来从未举过手，也从未回答过教师的问题。

一位教师课堂巡视时总习惯性地走向窗口一边，而到靠门一侧的比率不足20%（听课者将观测到的教师课堂移动路线记录下来并交给他，竟使他大吃一惊）。

在学生不会回答问题的情况下，不同的教师对学生的鼓励程度有着很大差异（耐心等待15秒，重复一遍问题，换一种方式提问或再提一个问题）；对其表示失望的程度也不尽相同（教师代学生回答，马上令学生坐下，叫别人回答，对学生严加训斥，对学生的回答不予理睬）。

教师基本上意识不到他们在课堂上的那些行为有什么不当；面对录像或观测记录，有的教师说，如果早知道情况是这样，自己一定不会这样做。

如果教师从上面这些教育实践观察中选题进行研究，一定是很有价值的。

（四）交流中发现问题

教师之间，特别是两个平行班、同学科的教师之间，以及同班、不同学科教师之间有关教育教学问题、经验的交流，也是微课题的来源之一。通过与其他教师的交流，一些教师自身没有意识到的问题可能会在交流中被激发出来，成为微课题的研究对象。另外，通过交流可以了解其他教师的教育教学情况，将其和自身的教育教学情况作比较，也会涌现一些问题。如同样的作业，自己班的学生和他班的学生对待作业的态度完全不同。

为培养教师的问题意识，有一所学校以"问题卡"为载体，引导教师自觉地观察发现自己身边的教育教学现象和事实，并对这些现象和事实进行归类、比较和概括，发现异同，提出自己的、真实的问题，从而帮助教师树立"问题意识"，养成思考和怀疑的习惯。然后借助"问题悬挂""问题招标""问题招领"的方式，组织教师确立微课题研究的方向和目标，让教师在充分借鉴别人经验的基础上提出解决问题的方法，加深了教师对新理念、新教材、新教法的理解与运用。

（五）听报告看公开课捕捉问题

听君一席话，胜读十年书。教师参加学术会议、听名师作报告、看公开课等也会触发很多教育教学灵感，把这些灵感及时捕捉到，很可能会产生很好的微课题研究选题。如有位教师说："我是第一次听丁如许老师的报告，丁老师的报告很生动，颇具操作性，对班主任如何做好工作，成为优秀班主任很有帮助。他结合自己几十年班主任工作之实践，总结出：班主任走科研之路应该勤于实践，善于反思，敢于创新，乐于积累，精于研究，长于写作。听完后，我深受启发。而他的'没有活动，就没有教育'的思想让我对开展微课题研究有了新的想法。"

留心天下皆学问，微课题研究的选题来源是十分广泛的，这里不一一列举了。有经验的教师平时身上总会带着一个本子，把读书、看报、上网查阅资料、外出学习、谈话交流、留心观察等过程中发现的有价值的东西和自己被触发的灵感记录下来，这往往是很好的选题素材。其实，这也是教师为自己建立的一个微课题研究的"问题库"，需要时可以随时提取。

第三章

如何成功申报课题

教师做微课题研究如果能够申请立项，纳入到课题管理规划中，便既能得到业务和行政部门的专业指导与督促检查，又有助于成果的推广和应用。当然对教师评优评先和职称晋级都是大有裨益的。那么，微课题申请立项的基本程序有哪些？教师需要做些什么工作？怎样撰写微课题申请立项书呢？

一、什么是课题立项

课题立项是指集体（课题组）或个人向上级有关科研管理机构申报，经过该管理机构组织专家组评审，认为有研究价值，准予立项研究（下发专门的课题立项批准文件）的课题。立项课题必须具备四个要素：提出申请、专家评审、批准立项、接受管理。

课题级别包括：校级课题、县级课题、市级课题、省级课题、国家级课题。课题的种类包括基础理论课题与应用性课题。微课题研究多数是应用性课题。

（一）课题申报立项的序列与途径（有交叉）

教师申报微课题是多序列和多途径的，哪个方便就选择哪个。

1. 教研室序列。

2. 教育科研序列。

3. 学会序列。

4. 职教、幼教、特教序列。

5. 教育行政序列。

6. 电化教育序列。

7. 其他。

（二）课题申报立项的基本步骤

1. 认真阅读并熟悉课题申报要求。

2. 确定申报的序列及层次。

3. 对设定的研究范围进行初步论证。

4. 确定课题名称。

5. 填写课题申报表。

（三）课题申报表的主要填报项目

原则上是按照表格上所列的相关项目逐一认真填写。各类申报表的名称尽管各不相同，所立项目与形式也各不相同，其实大同小异。

课题申报表主体部分大致由以下项目组成：

1. 课题的表述与界定。

2. 研究的背景、目的意义。

3. 本课题研究的历史、现状和发展趋势。

4. 课题研究的理论依据。

5. 研究范围、内容和对象。

6. 研究方法。

7. 研究步骤。

8. 预期成果的形式。

9. 课题组负责人和成员的分工。

10. 经费预算及其他所需条件。

二、课题评审未通过的主要原因

教师对微课题立项常识缺乏了解，甚至不知道申报立项是怎么一回事，即立项的程序、需要准备的材料、怎样填写申报表等都不十分了解，缺乏申报课题的经验，则很难通过课题立项申报。

通常，课题评审未通过的主要原因有：

1. 选题不当，不符合立项条件。

2. 课题论证不充分。

3. 负责人的素质或水平不宜承担此课题。

4. 课题组力量不强或分工不当。

5. 资料准备不够。

6. 最终成果不明确。

7. 不具备完成本课题所需的其他条件，如学科背景等。

8. 经过比较，本课题有更合适的承担人。

三、微课题研究立项的利与弊

微课题研究立项有利也有弊，作为教师如果真心做研究，一定要考虑立项的利与弊。

（一）微课题研究立项之利

微课题立项首先能提高课题研究的规范化、科学化水平。因为纳入到课题管理规划之中，课题管理部门就会对课题研究的选题、实施步骤、研究方法，乃至研究过程等进行督促检查和指导，这会大大提高课题研究的规范化水平，有助于成果的推广和应用。当然对教师评优评先和职称晋级都是大有裨益的。

（二）微课题研究立项之弊

课题立项有利，也有弊，这要看教师怎样对待和处理。如果自己缺乏科研经验，在专家、领导的引领、帮助和指导下可以让自己少走弯路。但是教师也要有思想准备，立项以后有两个明显的问题：一是自主独立研究将受到影响，特别是如果你的课题不是自选的，是上面下达的课题，或者是别人的子课题，那么你基本上是要跟着别人走。二是应对检查的材料比较多，今天写材料，明天打报告，后天来检查验收，受到的束缚可能多一点。当然，这些都不是绝对的，也要看自己怎样兼顾和灵活处理。

其实，一个教师搞科研，关键不在于立项与不立项，而是看他做研究的心真不真。笔者（此处指徐世贵——编者注）30多年做了很多次很多项研究，大部分没有立项，可是却获得了很多国家、省、市级优秀科研成果奖。

四、如何做好微课题申报

（一）及时获取申报信息，积极作好准备

申报者应注意及时获得课题申报的信息，包括申报时间、申报要求、课题指南、课题申请书等。各类课题管理单位都会在网上公布课题的这些相关要求及信息，教师可以直接在网上查阅、下载。县区教科室会及时向各学校下发各类课题的申报通知。

在前期准备工作中要认真研读课题指南，选准研究方向。课题指南所涉

及的选题方向都是当前需要研究的理论问题和现实中的重要问题，特别是国家和地方急需研究的重点课题。所以，申报课题不能完全脱离指南，不必和指南上的一模一样，但最好也要围绕指南来选题。

要构思好课题题目，严格按要求填写课题申请书，专家们正是通过阅读课题申请书来获得相关信息并作出结论。所以要认真填写课题申请书，在规定的时间内严格按要求向课题管理部门提交课题申请书，如果错过了申报时间，就只有等下一年度再申报，那时有些课题往往就会丧失新颖性、时效性而不能申报了。

（二）认真填写课题申请书

课题申请能否成功，主要取决于申请书的填写情况，申请书填写规范、科学、合理有效，并且课题论证符合要求，课题申请才有可能成功，反之则很难通过申请。所以教师在申请课题立项时，需要特别用心地把课题申请书填写好。

课题申请书是报管理部门批准的选题设计和计划，它的主要内容是说明所选课题为什么要进行研究，自己有什么条件进行研究，以及准备如何开展研究等问题，是对课题的论证和设计，即回答"研究什么、为什么研究、如何研究"的问题。它是实施研究之前对研究项目较为充分、完整、系统的思考。

（三）课题申请书填写应注意的事项

1. 课题的表述与界定：课题名称就是课题的名字，可以对研究范围进行界定。这看起来是个小问题，实际上很多人写课题名称时，往往写得不准确、不恰当，从而影响整个课题的形象与质量。这就是平常人们所说的"只会生孩子，不会起名字"。课题的表述，一是看名称表述是否准确、规范。准确就是课题的名称要把课题研究的问题是什么、研究的对象是什么交代清楚。规范就是所用的词语、句型要规范、科学，似是而非的词不能用，口号式、结论式的句型不要用。二是看名称是否简洁，不能太长，能不要的字就尽量不要。

2. 研究的目的、意义：从理论与实践两个方面阐述该项课题研究的现实意义。阐明课题研究的背景，即根据什么、受什么启发而进行这项研究的。因为任何课题研究都不是凭空来的，都有一定的背景和思路。要阐明为什么要研究这个课题，研究它有什么价值，能解决什么问题。要认真、仔细查阅与本课题有关的文献资料，了解前人或他人对本课题或有关问题所做的研究及研究的指导思想、研究范围、方法、成果等。

3. 国内外研究现状、水平和发展趋势："本课题与同类课题的区别与联系"是本项目重点填写的内容。这部分内容要简洁，不要写得太多太长。

4. 课题研究的理论依据：政策依据、理论依据、实践依据，要充分、贴切、准确，不要贴标签、拉大旗、喊口号。

5. 研究的目标、范围和内容（填写重点）：要进一步界定研究的范围与具体内容，从而使研究具有可行性和可操作性。

6. 研究方法（填写重点）：在开题报告中，尽可能详尽地写出具体的操作过程，主要说明一项课题的研究通过什么方法来验证我们的假设，为什么要用这个方法，以及要"做什么""怎么做"。教育研究的方法很多，包括调查研究法、实验研究法、比较研究法、理论研究法、行动研究法等。一个大的课题往往需要多种方法，小的课题可能主要用一种方法，但也要利用其他方法。我们在应用各种方法时，一定要严格遵循每一种具体科研方法的要求，不能随意凭经验、常识去做。

7. 研究步骤（填写重点）：这是课题研究在时间和顺序上的安排。研究的步骤要充分考虑研究内容的相互关系和难易程度，每一阶段从什么时间开始，至什么时间结束都要有规定计划。每一阶段的工作任务和要求，不仅要胸中有数，还要落实到书面计划中。

研究步骤一般分为三个阶段，分别是准备阶段、实施阶段、总结阶段，其中实施阶段是重点。

8.研究预期成果（填写重点）：课题预期的成果与表现形式。课题研究成果预测即研究过程中可能出现哪些情况和问题、研究会带来什么成果、有什么对策。课题研究的成果形式包括研究报告、教育论文、专著、软件、课件等。课题不同，研究成果的内容、形式也不一样，但不管形式是什么，课题研究必须有成果，否则，就是这个课题没有完成。在开题报告中设计出成果形式，可以使研究者明确将来用什么形式来表现研究成果，以便从一开始就可以着手努力积累材料、构思框架、进行分工，这有利于研究成果的顺利问世，同时也有利于课题管理者据此对课题进行检查验收。

9.人员分工：在方案中，要确定课题组长、副组长、课题组成员以及分工，课题组组长就是本课题的负责人。一个课题组应该包括三方面的人，一是有权之士，二是有识之士，三是有志之士。有权了课题就可以得到更多的支持，有识了课题质量、水平就会更高，有志了就可以不怕辛苦、踏踏实实去做。课题组的分工必须明确合理，让每个人了解自己的工作和责任。在分工的基础上，也要注意全体研究人员的合作，大家共同研究，共同商讨，克服研究过程中的各种困难和问题，同时还要注意课题组成员的整体素质与水平，尤其是课题负责人的水平。如果课题组成员和负责人既没有理论水平又没有实践经验，这个课题就无法很好地完成，立项也就难获批准。

10.研究的经费预算及其他所需条件：任何研究都需要一定的研究经费和设备条件，教育研究也不例外。对课题研究有价值的资料，如有关测验题和问卷题等，经费预算及对设备条件的需求，必须写清楚，但要实事求是，不能多多益善，胡写乱要，要加强管理，监督使用。

分享一份微课题申请·评审书，供参考：

延安市基础教育教学研究 2016 年度微型课题申请·评审书

申报人	刘晓玲	学科	英语	学历	本科	职称	中二
课题名称			初中英语课堂答行为的策略研究				
工作单位	永坪中学	电话	71**08	邮箱	27****95@qq.com		
申报人简历	我叫刘晓玲，女，现年34岁，英语专业，大学本科学历。2004年参加工作至今，在永坪中学任教，专职英语老师。						
选题缘由	（包括选题背景、理论依据、实用价值等，不少于500字。） 一、概念界定 理答：就是课堂上教师提出问题后，教师对学生的调控和处理。这种理答行为可以出现在学生回答问题之前、之后，以及学生回答问题的过程中。 有效理答行为：是指教师为实现课堂教学有效性对学生所采取的调控措施或提出的明确要求，以便进一步提高课堂提问的有效性，从而实现有效常态课的策略研究是实践研究：就是教师在平时的课堂教学中，通过自身的实践，探究如何对初中英语课堂中教师的答题要求未提高课的有效性，从而提高课堂教学的效率。 二、实用价值 新课改提出：英语课堂教学是师生之间、学生之间交往互动与共同发展的过程。教师的课堂教学应加强师生之间心灵的沟通，追求师生之间和谐对话。其中，理答就是师生对学生回答的反应和处理，是课堂问答、师生上学上对话的重要组成部分。但是大部分教师往往只注重教学过程的设计，注重课堂提问的方式与方法、对课堂提问的处理技巧，或缺乏理答意识，或缺乏理答技巧，或缺乏理答机智。 三、理论依据 1. 中国传统的"启发式"教育理论。在我国古代著名的教育家、思想家孔子的教育思想中，有一个关于教学过程的代表性主张是"学思结合"，孔子精辟地指出："学而不思则罔，思而不学则殆。"怎样使"学"的过程成为"思"的过程呢？孔子的"启发诱导"的教学思想是一个好的选择。学习孔子不开启不发诱导，教师对课堂提问的处理，在课堂教学诸因素中有着举足轻重的作用。						

续表

选题缘由	2. 课堂教学论。课堂提问是组织课堂教学的重要环节，对学生掌握学科知识，培养英语思维具有重要作用。设计课堂提问必须以认识论为基础，以教学大纲教材的知识体系为依据，以实现课堂教学的有效性为目标，针对教材中的重点、难点和关键以及学生的实际情况设计问题，并组织学生有效解决问题的方法，使学生摆脱思维的滞涩和定势，促使思维从"前反省状态"进入"后反省状态"。问题的有效解决带来"顶峰"体验，从而激励学生们再发现和再创新，使教师的理答能有效调控学生参与答题本身和学生有效的发现，最大限度提高课堂提问的方式、方法、要求等，在英语教学中尤为重要。 四、课题研究的背景及意义 课题研究的背景：目前，在初中英语的常态课堂中，教师的提问和学生的答题存在很多问题。提问的随意现象较严重，"无效问题"时常出现。实质上很多提问没有思维价值，大多数还是采用传统的一问一答的形式，提问和学生答题存在"一问得流畅，整节课得从容"的思维定式。同时，学生答题参与时间不高。教师为了加快完成教学内容，剩下了学生思考的时间，常常见有学生举手回答，就立即要求学生回答，学生参与有经历思考的过程，所得到的答案漏洞百出，英语语言的表达也受到一定限制。很多问题学生没有充分经历思考的过程，学生思维水平不高。教师上许多后进生、中等生甚至优生常常没有体验答声中，答题的全体参与率较低。课堂上许多后进生、中等生甚至优生常常没有体验答声中，答题的全班参与重要严重影响了学生整体思维的提升，是导致常态英语课堂效率低下的重要原因之一。在英语教学的本质今天，追求真实高效的常态的常态教学尤为重要。
研究设想	（包括研究内容、研究方法、过程设计等，不少于1000字。） 一、研究内容 课堂上面对学生通过思维活动得出的结论，我进行梳理和反馈。优化理答行为：教师根据学生的行为状况艺术地进行理答，获得成功体验：以学生积极体验反思，我悟为依据组织教学，让学生在学习中亲历体验，积极参与学习，不断获得唤醒和鼓舞，养成良好的学习习惯，激发创新的潜能。 二、研究方法 1. 观察法：本课题研究是一种"基于课堂、为了课堂、在课堂中"的研究，课堂观察是本课题的主要研究方法，观察收集有关理答行为的素材。 2. 反思法：结合具体的课堂教学情境，依据有关理论来反思理答行为的有效性。

续表

研究设想	3. 个案法：选择两到三个教师进行重点跟踪研究，研究其理答行为现状及改进策略。 4. 文献法：通过研读文献了解借鉴有关问答尤其是理答行为的理论或实践研究成果。 三、过程设计 1. 准备阶段（2016年4月至5月）。 通过文献研究、搜集整理与本课题相关的资料，了解与本课题相关的研究现状，为课题研究提供科学的依据，并认识本课题的研究价值，在无分论证的基础上，确定研究课题，形成课题研究方案。 2. 实施阶段（2016年6月至2017年2月）。 （1）开展课堂反思，记录课堂理答行为中的机智之举或尴尬场面，组织专题研讨、分析、总结。 （2）开展课题研究，寻找理答的有效策略。 （3）开展"我的学习我参与"，学生沙龙活动，交流学习过程中的心得体会。 （4）提高回答问题的参与率，使每个同学每一节课都有一次以上的发言，并给予激励性评价。 （5）综合运用文献研究、调查研究、行动研究、案例研究等方法，深入课堂教学，通过典型案例研究提炼课堂教学有效的理答途径及其操作策略。 3. 总结阶段（2017年3月至2017年4月）。 （1）通过老师评价、学生互评、自我评价等方式，让教师了解了自己在理答方面的得失，以更好地改善教师理答行为，获得成功体验。 （2）通过个案分析的叙事研究，寻找个性化解决问题的方法。 （3）搜集、整理、总结研究成果，撰写课题研究报告，完成结题工作。
所在单位意见	（单位盖章） 年 月 日

续表

区县教研室意见	（单位盖章） 年 月 日
市教研中心意见	（单位盖章） 年 月 日

第四章 如何设计微课题研究方案

怎样设计微课题研究方案？一种情况是应付检查，因为学校或者课题管理部门对课题研究有要求，必须设计方案，这种方案是应付检查的一种摆设。另一种情况是教师本人对自己的研究有创意、有灵感，做出的方案可操作性强，更行之有效。

一、微课题研究方案设计的重要性

（一）什么是微课题研究方案

教师搞微课题研究，选题确定以后就要构思怎样搞研究了，要有具体的思路和点子，即构思做法，设计方案。设计研究方案是为了对课题研究的方向和进程形成清晰的认识，做到心中有数，有事可为，一步一步地走向预期的目标。

做微课题研究要不要设计一个方案呢？这也不能太固定化，有的人搞研究总要写方案，有的人习惯于写一个粗线条的框架，有的人就凭感觉、头脑的记忆和情况的随时变化搞研究。但是总体讲，写方案一定比不写方案好。尤其是研究经验不足的人更应该设计好方案，至于有的人研究计划写得好，但只是摆设，没能很好地实施研究，那就另当别论了。

设计研究方案有这样几点好处：首先，整理思路。教师设计研究方案的过程，就是整理研究思路的过程。有了方案，课题研究就有了明确、清晰、可行的思路。其次，使课题研究具体化。有了研究内容，如何去实施和操作呢？只有设计方案，把课题具体化，才能去分步实验和操作。有人说，制订出具体、可行的研究方案，就等于完成了课题研究的一半，这是颇有道理的。最后，有助于评估。有了研究方案，研究者在研究过程中可以对照方案检查自己的研究工作的进展是否按计划进行，是否按期取得阶段性成果，学校领导和科研管理部门对课题研究进行检查督促也有了依据。

（二）方案设计的误区

1.过于看重方案设计。微课题研究要设计一个方案固然是好事，但是如果处理不好反而会成为负担和障碍。有的教师为了写方案绞尽脑汁，废寝忘食，还没等去真正研究，就被设计研究方案难住了，甚至开始对微课题研究产生了动摇；有的教师为了写方案而写方案，方案表面上设计得很好，却是花拳绣腿，根本不实用。

其实，方案设计固然重要，但不能被方案束缚了研究，那无疑是喧宾夺主，研究的过程才更重要。况且任何一个研究方案在实施中都不会是固定不变的，常常是一边研究一边修改。而有的教师心中有数，甚至可以不写方案，研究也能有条不紊地进行下去。

2.头重脚轻、操作性不强。许多教师设计研究方案，普遍存在头重脚轻的问题，即研究目的、理论依据写得很多，而对研究过程、解决问题的途径方法设计很少。这就使教师的方案设计走进了误区，方案虽然设计出来了，却是一纸空文，教师还是不会搞研究。

设计一个好的课题方案，关键是要寻求解决问题的策略和方法，要善于追问，更要学会筛选、学会提炼，在不断的追问中找到课题研究的切入点。

二、课题研究方案的基本框架

怎样设计微课题研究方案？课题研究方案没有很固定的模式，一是目前专家对研究方案的要求项目说法不尽相同，二是每个教师的研究课题不一样，因此写出来的方案也不尽相同。这里先介绍一个案例作为参考。

时事政治案例在初中思想品德教学中的运用

微课题研究方案

主持人：李萍。

成　员：李萍、张兆安。

单　位：辽宁省营口市官屯中学。

一、课题名称

"时事政治案例在初中思想品德教学中的运用"。

二、课题提出的背景、目的和意义

中学思想品德课是一门塑造人的心灵的德育课程，强调理论和实践相结合，具有鲜明的时代性。《初中思想品德课程标准》明确提出：时事政治教育是思想品德课程的组成部分，是对学生进行爱国主义、集体主义、社会主义教育的重要途径，必须按规定从教学内容和教学实践上予以保证。

九年级思想品德课的目的是让学生了解国家的政治、经济、文化等方面的基本情况和与之相应的国家政策、举措，增强作为国家小主人的荣誉感和使命感。这要求学生对时事具备一定的了解，掌握课本上的知识，更好地学以致用。而教材内容抽象、滞后、枯燥，提不起学生学习的兴趣。今天的初中生，由于种种原因，学习压力很大，使他们无暇顾及课外知识，许多同学两耳不闻窗外事。

近年的中考越来越注重考查学生的能力，呈现出以时政热点为载体，以课程内容为依托，以全面考查学生能力为手段，以培养学生正确的情感、态度、价值观为目的的特点。

时事政治是中学生了解国内外重大事件的"窗口"。将时事政治引入思想品德课课堂教学势在必行。它顺应了理论性与现实性相统一的要求，实施素质教育的要求，是对学生进行爱国主义教育的重要手段。

三、课题研究的主要内容

时事政治与思想品德课课堂教学结合的方法：

1. 举行课前五分钟新闻发布会。

2. 以时事热点为话题导入新课教学。

3. 将时事政治作为说明书中理论知识的例证。

4. 利用时事丰富教学内容。

5. 引导学生对时事进行评论。

四、预期达成的研究目标

1. 有利于学生主动学习，了解社会，了解世界，拓宽视野，增长知识，在潜移默化中培养学生关心国家的建设和发展的态度，增强其关心社会、热爱祖国的情感。

2. 激发学生的学习兴趣，活跃课堂气氛，启迪学生的思维，引导学生去探求知识，培养学生理论联系实际的能力、语言表达能力、动手动脑的能力，提高学生的课堂学习效率，使课堂学习更贴近生活。

3. 提高思想品德的教育教学质量，形成成果材料。

五、需要注意的问题

1. 找准时政热点与教材结合的切入点。

2. 处理时政资源要及时。

3. 裁剪、整合时事，将其灵活地嫁接到教材的各个环节。

4. 引入时政教育，课堂气氛要宽松，师生要互动。

六、研究方法

1. 文献研究法。

2. 调查研究法。

3. 行动研究法。

4. 实验研究法。

七、研究步骤与措施

1. 准备阶段，时间划分：2013年3月—2013年3月中旬。

本阶段的主要工作：搜集文献资料，确立课题，并对课题进行论证，拟定课题研究初步方案，并对课题申报进行设计。本阶段预期成果：前期论证、完成申报、评审书的填写。

2. 实施研究，时间划分：2013年3月中旬—2013年8月。

本阶段的主要工作：修正课题研究方案，实施研究方案，进行研究实践，取得中期成果。本阶段预期成果：调查报告、教学案例、课题研究论文等。

3. 总结阶段，时间划分：2013年8月—2013年9月。

本阶段的主要工作：根据实验目标，对实验结果进行分析总结，撰写报告和论文，邀请研训员及上级领导对课题进行评审鉴定。本阶段预期成果：课题结题报告、课题论文等。

八、预期成果

构建师生、生生的交流平台，学生学会学习、善于学习，学生分析问题、解决问题的能力有大幅度提高。

九、成果的形式

1. 在课题研究结束时，形成课题结题报告。

2. 撰写论文、教学案例等。

（选自绿茶的博客）

我们通过这个案例可以看出，无论谁做方案设计，常见的研究方案项目大体包括以下几个方面（微课题方案还可以简单一些）：

1. 课题表述（课题名称）。

2. 研究目的（课题涵义、界定、背景、对象、目标）。

3. 研究内容。

4. 研究方法。

5. 研究步骤。

6. 预期成果。

7. 完成条件。

8. 参考文献。

三、怎样具体撰写微课题研究方案

微课题研究方案的撰写没有固定模式，每个教师每次研究的内容也不同，因此方案是多种多样的。那应该怎样设计微课题研究方案呢？这里介绍一些常规的设计内容和方法，作为参考借鉴。

（一）课题名称

课题名称要表明一个课题研究的主题内容、研究范围、研究方法等。课题名称是对课题研究实质的高度概括，应力求文字简洁而又能展示课题的面貌，最好能体现研究的对象、范围、内容和方法，让人一看就明白研究什么和怎样研究，如"初中代数自学辅导教学的实验研究"。课题名称多以陈述式句型来表述，慎用疑问句，不用似是而非的辞藻和口号式或结论式的句型。

课题名称中往往包含"实践""探索""研究"等涉及研究方法的词汇。我们的理解是：含有"实践"的，则课题多以活动为载体而展开；含有"探索"的，则需要研究者有所创新；单写"研究"的，则课题采用的是思辨性方法，或是多种方法的组合。"××研究"类课题如果采用单一的科研方法，则可在课题名中直接写明，如"××行动研究""对××的调查研究"等。

（二）研究目的

研究目的也有人写成"问题的提出""课题的提出"。这里介绍所研究课题的目的、意义。首先，要阐明课题研究的背景，即根据什么、受什么启发而进行这项研究。因为任何课题研究都不是凭空而来的，都有一定的背景和思路。其次，要阐明为什么要研究这个课题，研究它有什么价值，能解决什么问题。最后，要认真、仔细查阅与本课题有关的文献资料，了解前人或他人对本课题或有关问题所做的研究，包括研究的指导思想、范围、方法、成果等。

（三）提出假设

研究假设是研究者根据经验事实和科学理论，对所研究的问题预先赋予的有待验证的暂时性答案，是对课题所涉及的主要变量之间相互关系的设想。对各种教育问题和现象所作的尚待证明的初步解释都属于假设。假设在课题研究中具有定向、限定和参照的作用。如果要研究的问题以假设的形式表述，就会变得更加明确。

如泰山学院附属中学孙明霞给课题"生命课堂"确立的理论假设是："通过该课题的研究，在实践层面（课堂）实现对生命的关注，教给学生生命的知识、生活的知识，同时关注到学生的生命成长，也成全教师的生命。也期待通过该课题研究，丰富生命化教育理论，把过去仅仅关注学生生存、生活、生命的教育，拓展到课堂教学的各个层面——包括教学的准备、知识的建构、能力的培养、人的健康成长等。最终，解决初中生物学科教学中如何进行生命教育的问题，也适用于所有学科、所有学段的教学中，成为各级各类学科教学中进行生命教学的范本。"

有了这样的假设，就可以依此设计研究目标："通过研究，老师能合理选择与整合各种教学资源，落实国家课程；研究团队每位老师的专业素质得到整体提升；形成生命课堂的实践模型和理论框架；形成具有学科特点的实践作业或拓展作业的设计与实施策略；丰富生命教育的内涵；探索出能够在各学科课堂教学中推广的生命教学范式。"要特别注意的是，假设不是无目的的胡思乱想、不是空想，一定是根据已有的事实和资料，设想出有研究价值的问题的因果或结论。一旦形成了科学合理的假设，便可以根据确定的目标，在限定的范围内有计划地设计、进行一系列的研究活动。

（四）研究方法

研究方法是对怎样研究的回答，可以理解为原则、策略、程序、工具、方式的综合表述，重点写明怎样实施。如准备如何收集数据，将使用何种技术来分析、处理数据并推导出结论。若是实验研究，还要说明如何选取自变量、因变量以及控制哪些变量。

研究方法可分为：1. 收集研究数据资料的方法，如调查法、观察法、测量法、文献法等。这些方法旨在获得对象的客观资料，而不给予对象人为的影响。2. 旨在改变和影响变量的方法，如实验法、行动研究法等。这些方法是要通过施加某些干预而获得某些期望的结果。

（五）研究过程

研究过程设计是规划自己的研究需经历哪几个阶段：从什么时间到什么时间，每个阶段都做什么。一般分为准备、实施和总结三阶段，如研究过程较长，则实施阶段还可再分为几个小的阶段。各阶段时间安排一般写明"××年×月——××年×月"，需留有余地。

微课题研究真正的成效体现在研究过程中：发现问题—学习思考—制订解决问题的方案—实施和记录—反思调整和总结……这是一个循环往复、不断变化的过程。而有些教师的微课题研究过程设计被简略化了：最初写个课题方案，最后写个总结报告。其实这是一个没有研究过程的研究，也就是一个"虚"的研究。

其实微课题研究过程的各个环节是相互联系、相互融合的统一体，各个环节并不是相互割裂、固定排序的。比如说"学习"这个环节，它应该贯穿研究过程的始终，并不像有的教师在方案和研究报告中写的那样：研究的第一阶段是理论学习，列举出来都学习了哪些教育理论，学习的时间是两三个月，然后第二阶段是实施、第三阶段是总结，就与学习无关了。其实学习只有贯穿研究过程、与研究的课题紧密相联，才更有意义，围绕研究中的困惑与思考进行学习，会更有实效。

（六）预期成果

预期成果就是研究正式展开之前希望得到的收获，包括问题解决的程度、可能产生的效益、成果应达到的水平和表现方式。成果的表现方式是成果的物化形态，如研究报告、学术论文、专著、案例等等，研究者可根据实际情况，选择书刊、光盘、网页、软件等不同的载体。预先设计成果的内容和表现形式，是为了使研究者能在研究开始时就着手材料的积累，避免研究结束时才发现有些阶段性的成果已经流失。

成果形式指最后的研究结果以什么形式出现。教育研究成果的主要形式有两类，一类是文本形式的，如研究报告、论文、专著、个案集、研究日志、教学课例等；另一类是非文本形式的，如音像制品、教具、学具等。研究成果究竟用哪种形式来呈现，必须考虑成果的内容。

（七）完成条件

主要介绍物质条件、人力资源和前期成果等。物质条件包括图书资料、研究设备等。人力资源包括核心人员的研究经验和能力，课题组人员的工作岗位、学术优势、年龄和专业的结构。前期成果主要指本课题组已取得的与本课题相关的研究成果。

（八）参考文献

参考文献在一定程度上也能反映出研究者的视野与底蕴。因背景分析时已有文献综述，故是否要在研究方案后面列出参考文献，可视具体情形而定。

总之，设计课题方案应仔细分析上述各个方面，理清彼此之间的逻辑关系，并综合为一个具有内在结构的整体。

四、微课题研究方案的调整

微课题研究虽然有方案计划,但实际的研究过程是个不断调整、不断变化的过程。真正参与研究的教师都会有这样的感受:研究的过程并不完全像事先预想的那样、一帆风顺、一成不变。在实际的研究中,会不断遇到新问题,这就要求研究者不断调整思路、寻求新的解决问题的方法,才能使研究真正进行下去。

在微课题成果评选中,总能发现这种现象:课题方案确定下来后,后面的研究完全按着方案走,研究报告或课题汇报,与方案中预想的完全吻合。这样的研究真是太顺利了。而正是这种"顺利",让我们看不到真正的研究过程,让我们感到研究过程的"虚"。可能有的教师觉得参加的是成果评选,所以要回避问题和挫折,报喜不报忧,直接把所谓的收获和成果拿出来,结果适得其反,把微课题研究中最真实、最有价值的过程省略掉,微课题研究也就没有什么真正的成果可言。微课题研究,只有在研究过程中不断反思和调整,才能使研究不断走上正常轨道;我们教师,也只有在这种不断地学习、反思和调整的研究过程中,才能不断成长和进步。

五、重视资料查阅与积累

课题研究方案设计要重视资料查阅与积累。书读得少,是造成教师不能搞好微课题研究方案设计的一个重要原因。知识可以分为两种:一种是继承性的,一种是创造性的。继承是创造的前提,创造是继承的发展。没有对已存知识的继承就难有创造。

一些教师在设计课题研究方案时往往是没有知识储备的,于是硬着头皮,复制粘贴,东拼西凑,虽勉强为文,但最终难免给人留下"言之无物""不知所云"的感觉。这种"临时抱佛脚"式的写作,首要问题绝非所谓的缺乏方法与技巧，而是老师自身缺乏积累。

求知如采金，积学似储宝。厚积才能薄发，积累是做研究的基础。教师只要利用好空闲时间，思考一些教育问题，反思自身的教学，并以文字的方式记录下来，久而久之，研究思路就会明晰起来。笔者（此外指徐世贵——编者注）的家里、办公室里的藏书和收集的各种资料很多，可以说，没有这些资料的积累，也就没有我今天的研究成果。具体做法是：

1. 买书和订刊物。一是常跑书店，发现一本好书就买一本；二是留心报刊上的书讯，以便邮购。书和杂志不一定一次读完，到手以后先浏览一下，然后分类放，作为备查资料。当然，如果要阅读，就尽量圈点批注，留下笔记。

2. 摘录。平时准备几个本子，按不同资料内容分类。阅读以后，凡是认为重要的东西，分别抄在不同的本子上，"对号入座"。

3. 剪辑。有些书籍、报纸和杂志内容烦杂，阅读起来特别费力，可将有关内容裁剪下来，编辑在一起，分门别类地粘贴在各个本子上。

4. 复印。把有用的资料复印下来，分门别类地订在一起。

5. 记载。教师要把自己在阅读和思考过程中的"偶有所得""灵光一现"及时记录下来。须知"好记性不如烂笔头"，如果不及时记录，它们很可能从此与你擦肩而过，你再也找不到它们。虽然你记录下来的仅仅是一些"思维碎片"，但你不能因此而忽视它们。因为你记录下来的任何一个片段，都有可能成为你撰写某篇论文的"引子"，也有可能成为你撰写某篇文章的重要素材。其实，它们正如一颗一颗的珍珠，拾得多了，你才有可能把它们串联成一串串美丽的珍珠项链。平时准备一个本子，记载自己日常工作、学习中产生的零思碎感，以及教育教学中发现的问题、遇到的难题等，这些记载之后都可能成为自己的研究课题。

特级教师余映潮提到积累与写作时，谈到以下体会，对广大教师不无启发。

留心：教学之时，生活之中，时时留心，触动思绪，形成话题；

积累：勤于思考，勤于阅读，勤于笔记，勤于研讨，勤于动笔；

关注：关注前沿新动向，关注教学新讨论，关注名人新观点，关注杂志新栏目；

创新：新在独创的内容，新在独特的视角，新在独有的深度，新在独特的表达；

优质：文路非常清晰，绝对杜绝语病，开头少作铺叙，结尾不说套话，引用不可太多，陈例尽量不用，三番五次修改，通畅优美为佳。

我的写作理念：将一个点写透，将一篇文章写美，将一个系列写新；

我的构思技巧：深加工，厚加工，精加工，美加工，趣加工，新加工，联加工，逆加工；

我的论文出"新"方法之一：新在独到的创意、新在文章的命题、新在独特的视角、新在表达的方式、新在语言的锤炼、新在视野的开阔。

如何去收集资料？主要有以下八条途径：

1. 从工作中搜集。有心于教育教学研究的教师，每堂课后或每一单元教学后都要认真思考总结，将其写成教学后记或教学反思。

2. 从听课中搜集。有些教师为完成学校要求的听课任务而去听课，有的教师听课仅仅是抄写板书或课件的文字内容了事，这样的听课是无法为课题研究服务的。确定研究课题后，教师要带着问题去听课，选择那些最有价值的环节、细节或教学方法，及时记录下来。

3. 从观察中搜集。处处留心皆学问。作为教育教学研究的有心人，中小学教师可以有意识、有目的地对种种教育现象进行观察，并随时记录，用心思索，见微知著。

4. 从调查中搜集。调查研究是公认的认识事物、掌握规律的一种行之有效的方法。进行调查的方式，一般有典型调查，抽样调查等；方法上，可举行座谈会，进行个别访谈，开展问卷调查等等。

5. 从实验中搜集。在实验过程中，一定要及时记录，整理获得的实验数据，包括成功的、失败的，以及需要改进的各种信息。无论从哪个角度来讲，实验过程中得到的数据对教育研究都是最宝贵、最有价值的。

6. 从阅读中搜集。开展教育课题研究，一定要学会读书，学会向他人学习。一是写读书笔记，将阅读中获得的材料以及感受较完整地记录下来；二是做好摘录，将文中有用的部分记录下来并做好分类，以便日后查找；三是做好剪辑，将报纸杂志上对自己研究有用的文字材料剪下来分类保存。

7. 利用学术会议搜集。参加专业学术会议是搜集教育科研资料的重要渠道。学术会议上，学者们可以面对面地交流教育研究新课题、新进展或新成果，这可以让教师获得报刊文件中得不到的信息资料。

8. 通过互联网搜集。互联网为我们提供了巨大的信息资源。上网查询、搜集教育信息，越来越成为人们获得教育科研资料的最为快捷、有效的渠道。

六、课题研究"卡壳"怎么办

任何一项课题研究都不会是一帆风顺的，遇到困难挫折是常有的事。大部分的课题研究通过一番努力，最终总是能获得成功。但也有一些课题，研究一段时间就"卡壳"了，进行不下去了，感到越来越难，越来越无法深入下去。这是课题研究到了"高原期"。那么，教师课题研究"卡壳"应该怎么办呢？以下建议供参考。

（一）分析课题范围是不是合适

课题研究"卡壳"，首先应分析课题范围的界定，很可能是选题太大、太空，越研究涉及面越宽，越研究越复杂。而这往往是教师搞课题研究的通病。所以这时一定要重新审视自己的选题。可以考虑调整内容，从研究范围上缩小一下，研究范围缩小了，自然难度也就会降低。如果你原来选择的微课题是"关于小组合作学习的研究",这个范围是很大的,如果缩小范围改成"小组合作学习恰当合作时机的研究""小组合作学习评价方法的研究""关于小组合作学习汇报方法的研究""小组合作学习文化建设的研究"等,范围就小了一些。

(二)分析研究思路是不是正确

如果课题研究的选题没问题,但还是研究不下去,可能与研究的思路与方法有关系。要分析研究思路和方法是不是对头。比如关于课堂教学的许多研究,包括教学设计、教学方法、小组合作等研究,许多教师总希望从网上、理论家的书籍里找现成答案,而不是从自己的课堂教学实际中和实验中找答案。这就误入了歧途。如有的教师进行课题汇报,关于课题研究的理论依据讲了一大堆,当谈到自己的实际做法时,却话语寥寥,这种课题研究是没有什么实际价值的。

纸上得来终觉浅,绝知此事要躬行。有时教师不要太迷信名家和书本。教师要关注原生态,实践是理论的故乡。教师要相信,自己在课堂教学中、在和学生的接触中的那些感悟往往更真实鲜活,更可靠。比如教师课题研究"卡壳",开个学生座谈会虚心向学生请教,或者找有关学生谈谈,征求意见,此时很可能让你的课题研究从"山重水复疑无路",走向"柳暗花明又一村"。又如当你进行改进教学方法的研究时,不知道用什么方法更好,那么你可以去问你的上帝(学生),他们会给你一个很好的回答,也许会让你有"眼前一亮"的感觉。

有位教师搞了一个"教学方法与学生学习情感相关调查"的研究。

教 学 方 法	喜欢的人数	不喜欢的人数
1.老师很少讲,我们实在不懂再讲。	28	23
2.老师多讲。	13	21
3.课上经常进行讨论,大家都可发表意见。	66	6

续表

教 学 方 法	喜欢的人数	不喜欢的人数
4. 没有讨论，老师问我们答。	5	13
5. 遇到不懂的问题，老师讲给我们听，并把答案抄给我们。	15	127
6. 遇到不懂的问题，老师鼓励引导我们自己解答。	62	9
7. 老师尽量要我们多读课文，让我们读懂。	13	15
8. 读书很少，主要靠老师。	2	28
9. 课上经常让我们动脑、动口（读课文）又动手（圈圈画画地学习）。	68	5
10. 课上很少有动手机会。	4	29

以上调查结果反映，学生对学习方法的选择带有非常明显的情感倾向性，深受学生欢迎的学习方法是3、6、9这三项，而这三项内容的性质是相同的，即都具有活动性、独立自主性与相互交往性。不受学生欢迎的教学方法是5、8、10等，这几种方法的实质正好与3、6、9相反，都有被动、机械、静止的特征，不符合小学中高年级学生"需要尊重""需要相互交往"和"自我意识增强"等心理特征。

想一想，如果教师有了这项调查，改进自己的教学方法研究可能就有了依据，也降低了难度。

（三）分析研究能力是不是充足

教师搞教学、做班主任工作都是行家里手，可是做研究，普遍缺少经验。其实教师做研究都是"从战争中学习战争"，一边做研究，一边提高研究能力。所以，当教师做研究"卡壳"时，可以考虑是不是自己的研究能力有欠缺，驾驭课题有困难。这时也不要着急为难，要及时给自己充电，缺什么补什么，方式有扩大阅读、搜集资料、请教名师名家等。当然，研究一段时间后的反复思考，也是寻找课题研究灵感的好方法。

如果你做的是实验研究,你就应该从网上和书籍中去查找实验研究的方法和实验研究的成果案例。如果你做的是叙事研究,你就应该从网上和书籍中去查找叙事研究的方法和叙事研究的成果案例。

你在微课题研究"卡壳"时不妨求助同事,请同事帮助谋划。在同一个办公室、同一个教研组、同一所学校工作,既是同事,又是朋友,在学习、研究问题时也可以说是同学。你有一个苹果,我有一个苹果,彼此交换还是一个苹果;你有一个思想,我有一个思想,彼此交换就是两个思想。学友之间的信息交流、相互切磋乃至辩论,有利于互为补充、丰富知识、开阔视野。

你在微课题研究"卡壳"时,不妨向名师和专家请教。知河水深浅,须问过河之人。要读好书,交高人,因为有所成就的名师和专家大多是过来人。在漫长的课题探索过程中他们经历了成功,也遇到过挫折,他们的警告和建议,他们的经验和教训,特别是他们经过实践的理念经验、艺术方法是一种宝贵财富,学到手以后马上就可以运用。

(四)考虑放弃,及时调头

走到尽头是苦海,回头才是岸。曾经有人问一位企业家,成功的秘诀是什么?企业家毫不犹豫地说:第一是坚持,第二是坚持,第三还是坚持。最后一句出人意料,第四是放弃。放弃?作为一个成功的企业家怎么可以轻言放弃?该放弃的时候就要放弃!他说:如果你确实努力再努力了,还不成功的话,那就不是你努力不够的原因,恐怕是努力方向以及你的才能是否匹配的事情了。这时候最明智的选择就是赶快放弃,及时调整,及时调头,寻找新的努力方向,千万不要在一棵树上吊死。

"童话大王"郑渊洁也曾经说过:"每个人都有自己的最佳才能区,除非他是白痴。要拿自己的长处和别人的短处竞争,打得过就打,打不过就跑。"这句看似"懦弱"的话,说得很有道理。首先要"打",打过之后才知道自己的短处和长处,才知道自己是不是人家的对手,努力了之后还取胜无望,就要战略性撤退,不作无谓的牺牲,避免遭受无谓的挫折,这是智者所为。教师搞研究也是一样，有些问题的研究确实出现了难以深入的情况，这时不一定非要一条道走到黑不可，该掉头时就应该掉头，这是明智之举。

附资料积累流程图：

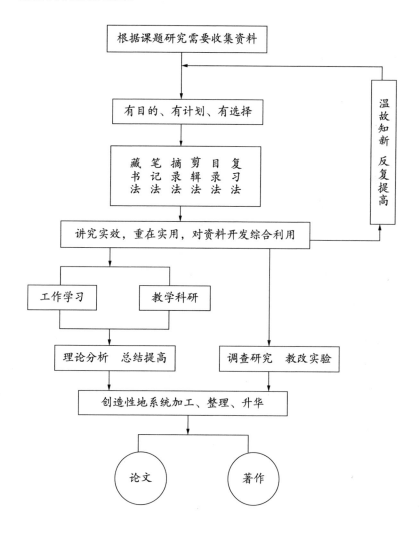

第五章

如何做好开题论证

教师做微课题研究,还要进行微课题开题论证。那么怎样召开开题论证会?它的内容、流程是什么?教师需要做哪些准备工作呢?

一、开题论证会的目的

教师微课题研究的课题确定了,但是课题的研究价值如何?是不是有科学性和可行性?这需要请专家来论证。开题论证会是对课题组成员一次极好的培训和指导,是确保课题高质量顺利完成的需要。如果你的课题过大过难,你会越搞越难,甚至无法结题。如果你的课题针对性、实用性不强,即便你费好大劲搞出来了,价值也不大。如果你的课题选择得挺合适,但是方案设计和选择的方法不得当,也无法取得理想的效果。这些问题就需要通过组织召开开题论证会来加以解决。另外,开题论证会还是一种宣传、表态，能让课题组成员迅速进入研究状态。

二、开题论证会的一般流程

1. 课题开题论证的主要形式。

（1）专家指导型。

（2）自我论证型。

2. 开题论证会的准备工作。

（1）撰写《开题报告》。

（2）邀请专家。

（3）论证会之前的沟通。

（4）课题组成员的分工。

（5）会务准备。

3. 开题论证会的召开。

（1）开题论证会的一般议程：

①主持人宣读或介绍课题批文。

②课题组组长介绍研究方案。

③课题组其他成员作相关补充。

④专家指导、咨询、论证和评议。

⑤主持人小结专家组评审意见。

⑥课题组代表表态性发言。

（2）开题论证会为课题研究创设一个良好的氛围。

4. 意见汇总与分析决策。

三、怎样撰写好开题报告

开题报告就是课题方向确定之后，课题负责人或课题组主研人员在调查研究的基础上撰写的报请上级批准的选题、研究计划。它主要说明这个课题有必要进行研究、自己有条件进行研究、准备如何开展研究等问题，是对课题的再论证和再设计。

开题报告的作用：进一步明确研究思路，完善实施方案，明晰研究技术与路线，是再次论证研究课题的重要一步。

开题报告是开始进行课题研究的工作框架，也是如何进行研究的基本思路。开题报告主要回答三个"W"：研究什么、为什么研究、如何研究。开题报告是为了让他人（专家）知道你是否在做（研究）、你已经研究或实施得怎样了、有没有偏离方向、有没有继续下去的必要、有没有应引起注意的地方或矫正的地方。开题报告是为了"取得具体帮助""求得具体论证""听得具体意见""明确今后任务"，故开题报告也可将一些具体的问题或困难开诚布公地提出来，请与会人员共同讨论。

开题报告与立项申报书看似类似（一级目录大致相同），但相比之下，重点和详略有明显变化，主要有以下实际区别：

1. 立项申报书强调"为什么"（背景、意义、目标等），而开题报告强调"做哪些、怎样做"（计划步骤、人员分工、任务方案等）。

2. 立项申报书重视"有什么"（条件、师资、决心、前期成果等），而开题报告重视"已怎样、将怎样"（进度、现状、估计、预见等）。

3. 立项申报书关注"应怎样"（假设、论述）或"别人有什么问题"（诊断、分析），而开题报告关注"自己已怎样"（已然、既成）或"我们决定怎样"（用什么、做什么、怎样做）。

立项申报书和开题报告各项内容的侧重点区别一览表：

内　容	立项申报书	开题报告
文献研究	研究背景、研究角度、突破口	在对以往研究进行分析的基础上，要特别说明本课题的已有研究基础和突破口
研究内容	概述准备研究的问题	具体说明研究问题
研究假设	基本的设想	具体假设、预期结论
研究方法	大致采取什么方法	说明如何采取这些方法
研究队伍	确定课题组成员	人员的分工及建立子课题组
研究成果	成果形式	具体的成果形式
研究时间	研究各阶段的大致安排	研究日程安排
研究经费	投入经费总额	每年度支出情况及自筹经费情况

下面分享一个开题报告写作案例，供参考。

小学数学"数的认识"典型教学案例研究

安徽马鞍山市实验小学　吴学军　裴振年

一、课题的提出

随着课程改革的进一步深入，教学案例分析研究越来越受人们关注，它已成为教师成长过程中不可或缺的中介。通过对案例的分析，教师可以把新的教学理念落实到教学实践中，有利于实现课堂有效教学。

教学案例研究是发达国家在学校教育、师资培训中非常盛行而有效的方法，它在我国起步较晚，基础教育阶段的案例研究是近几年随着新课程改革才出现的，有关教学案例研究的书籍不多，特别是按学科内容分类的教学案例研究更为鲜见。总而言之，教学案例研究在我国起步晚、底子薄，缺乏深度、效度，但现在开始为我国教育界所重视。它十分适合于一线教师，被学校誉为"真科研"，被专家认为是培养研究型教师、全面提高教师素质、促进学校发展的最为有效的形式之一。

新课改以来，我市对教学案例的研究也如火如荼，各学校的课题研究中都少不了教学案例这一载体。我校数学教师在市、区、校的各级教研活动中，了解了什么是教学案例，怎样写教学案例，逐步对教学案例有了清晰的认识。同时，在教育教学过程中，记录自己的教学经历、撰写教学经验总结和反思教学得失，适时地矫正、调整自己的教学行为，为同行间的交流提供了思路和载体。老师们对教学案例的结构、特性、撰写的了解和认识也正逐步趋向成熟。但对案例分系列进行深层面研究，才刚刚开始，且现行的小学数学案例研究还有很多不成熟的地方，表现为：

1. 大多是各教师根据自己的教学所得撰写教学案例，随意性较大，研究性不够。

2. 对同类教学案例的比较、剖析、深层面的研究还不完善。

3. 针对数学学科的内容，进行分板块的系统性研究还较缺失。

为此，在"备好课，上好课"的大教研氛围下，为更好地开展校本研究，推动教研组的教研工作，我们想根据数学学科的内容分板块进行研究，这样一来，所有年级段的数学老师就可以围绕一个内容，有目的、有针对性地进行深入研究，教师之间也因此有了更多相互交流研讨的题材，教研活动将更有实效。现集中优势兵力，依据教材的内容体系，以小板块"数的认识"为切入口，从一年级至六年级开展典型案例的研究，以提高我校教师的教研能力。故特申请课题"小学数学'数的认识'典型教学案例研究"。

二、课题研究的目的意义

本课题研究的目的：申请此课题旨在通过对"数的认识"这一内容教学案例的分析和研究，完善教师对教学案例的撰写，逐步提高教师对教学案例的剖析能力；促使本校数学教师对该教学内容能有较为系统全面的认识；了解不同年级段学生在学习本内容时所出现的问题和取得的成效，为教师在教学实践中及时调整教学策略和方法，从而提高课堂教学的有效性提供借鉴。

本课题研究的意义：

1. 发挥学校各数学教研组的功能，促进学校数学教研活动有效开展。

2. 积累教研经验，提高数学教师的教学自省能力。

三、课题的界定

典型即具有代表性，案例研究的中心词是"案例"。教学案例研究是教育理论与教育实践相结合的一种有效研究方法。

教学案例是以叙事的形式来描述富有深刻道理的教学事件。它具有叙事的一般特征：背景、冲突、问题、活动方式及结果。它展示特定教学活动的发生、发展和效果，包含着具体的处置方式和特有的教学理念，反映的是教师与学生的典型行为、思想和情感。

教学案例一般具有以下特征：

1. 案例是现实问题的缩影。

2. 案例叙述的是一个相对完整的事件或例子。

3. 案例的叙述比较详细。

4. 案例具有时代性。

5. 案例具有有效性。

6. 案例具有典型性。

7. 案例不是课堂实录，对课堂信息的摄取有侧重点。

本课题是在"数的认识"这部分教学内容里，对一些具有代表性的教学案例进行分析比较，对其共性的内容开展相关研讨，以获取有价值的教学经验。

四、课题研究的主要内容

1. 调查分析本校数学教师对"数的认识"这一部分相关数学知识的掌握程度，以及对教材的理解把握水平的现状。

2. 整理相关的教学内容，分年级段确立研讨的实施方案。

3. 分析"数的认识"同一类型教学案例的教与学的共性和非共性特点，完善教师对教学案例的撰写，逐步提高教师对教学案例剖析的能力，探索总结教

学中所出现的问题和成效，从而为在教学实践中及时调整教学策略和方法提供有效借鉴。（本课题研究的重难点）

五、课题研究预计有哪些突破

1. 对小学阶段的"数的认识"的教学内容进行系统梳理，有利于教师构建一个较为完整的"数的认识"的内容体系和教学框架。

2. 通过对教学案例的分析研究，完善教师对教学案例的撰写，整理出相关教学内容的教案集或案例分析集。

3. 开展理论学习和实践探索，让理论学习和课堂教学紧密结合，在课堂教学实践活动中帮助教师进行教学案例教与学的得失分析，逐步提高教师对教学案例的剖析能力，积累教研经验，提高数学教师的教学自省能力。

六、课题研究的基本思路和主要方法

本课题研究的基本思路是：借鉴现有的教学案例研究成果，边实践边研究，在不断总结实践中探索该内容框架下的教与学的策略和方法，并在实践中检验。

本课题研究的方法有：

文献综述法：用文献综述法对各年级段的有关"数的认识"的教学案例现状进行文献综述后，在全校数学教师中开展理论学习。

课例研究法：通过课堂教学跟踪，对教与学中的问题和成效作共性和非共性分析。

量表调查法：对课堂教学进行前测和后测，并对其检测效果进行分析。

七、完成本课题的条件及可能存在的问题

人员结构：校教导主任为课题组负责人，课题组成员有13名各年级组教研组长和成员，这样的结构有利于课题方案在校各年级组顺利传达实施。从业务角度看，有市骨干教师2人（含市教坛新星1人），校骨干教师6人，省教坛新星1人。从年龄结构看，既有具备一定教学经验的中年教师，又有精力充沛的青年教师，这有利于课题的顺利实施。

资料准备：校图书室的藏书、教学报刊都比较丰富，课题组成员都能熟练

使用计算机网络，可以在网上下载资料。

经费保障：学校提供一切课题所需费用。

八、可能存在的困难和解决对策

1.运用量表的分析需要理论的支持，在科学性的把握上有一定的困难，一方面需加强理论学习，另一方面需要取得各方面的支持，加强沟通交流。

2.对系列案例的剖析诊断，进行理论的提升，特别需要专家的引领和指导。

3.参加课题研究的都是一线老师，本身工作繁重，再进行课题研究，有时会感到心有余而力不足。这就需要我们的老师有更多的奉献精神。

九、课题研究计划

人员分工：略。

研究步骤：略。

十、成果形式

典型教学案例集、研究论文集、研究报告。

十一、参考文献

略。

微课题论证通过以后，作为研究者，教师不该因此觉得万事大吉，放松对课题的思考，应该趁热打铁，把专家论证中提出的问题和意见作为思考重点，进一步对课题进行研究与完善，从而让自己的课题研究更加科学化。

第六章

如何做教育叙事研究

教育叙事研究是近几年新兴的一种微课题研究方法。它简便易行，便于操作，比较适合一线老师。那么，教师应该怎样来运用教育叙事这种研究方法呢？

一、写好教育故事也是一种研究

教育规律常常隐藏在教师每天平凡的教育教学工作中。教师可以把自己教育教学中的一些看似平凡的小事儿捡拾起来，进行梳理和打磨，做成一件件教书育人的"工艺品"，用以装饰自己的教育人生，在美化自己的同时，美化他人，美化教育，并从中发现教育规律。这就是一种教育叙事研究。请看下面这个案例：

《老师，您的话对我很重要》

——一则教育故事的产生

辽宁省本溪县第四中学 栗莹

2007年，我被评为县级骨干教师。县领导对我们这批骨干教师的成长极为重视，为我们制订了《骨干教师成长手册》，其中有一项是编写一则教学故事。回想自己走过的教学生涯，往事如烟，唯有那件事，我至今仍历历在目。于是，我随手写下了教育故事《老师，您的话对我很重要》。

以前，有人跟我说过："老师的话，对于学生很重要。有时，一句话可以影响学生的一生。"原以为这话有点夸张，但经过那件事以后，我信了。

那一年我教初一三、四班的语文课，三班的成绩好一点，四班的成绩差一些。第一次月考，我清楚地记得，作文题要求"下面两个题目任选其一完成"，而四班有个学生居然在共600字的格子内，完成两篇作文，他把两个题目都写了一点点。这是当时近600个学生中唯一的一个，他的语文成绩自然位于倒数的行列。不过，我倒是第一个记住了他的名字。

以后，每到月考、期中考、期末考的时候，我总提醒他："二选一，写一个作文，明白吗！"每每这时，他总是红着脸，低下了头。那时，我认定他是个语文很差的学生。直到有一天，事情发生了变化。那天，我领同学们背诵《<论语>十则》时提问到他，他居然清楚流利地、一字不错地背下来了，我脱口而出："太棒了！"当时，我分明看到他的眼中闪过一丝惊喜，笑了，笑得很甜。我发现，原来他的记忆力很好，理解能力也还行，只是以前的基础太差了。从那次以后，我发现他课堂上说话的声音大了，也敢举手了。

我感觉到他在进步，就对他说："其实，你完全能把语文学好。"他只是浅浅一笑，并没答言。第二次月考，他的语文成绩提高了，我知道他在努力。有一天有老师听我的课，正巧是在他们班。成绩一向不好的他们，那节课依然像平时一样，课堂上很沉闷。只有他，多次举手，而且答对了几个关键性的问题。那节课，他表现得最好。

课下，我对他说："不错嘛，努努力，争取期末拿个高分。"这以后，他听得更认真了，而且经常问我语文题。期末成绩下来了，一看成绩，吓了我一跳，他居然拿了个全班第一。我当时太意外了，太高兴了。

我拿着卷纸找到他，兴冲冲地说："××，你语文考了咱班第一！"原以为他会像我一样吃惊、兴奋，可他却淡淡地说了一句："我知道了，老师。""你不高兴？"我问。"没有，老师，你不是说过我能拿高分吗？您说能，那就一定能，我不意外。"他的话又让我一惊。同时，我又有点惭愧。没想到，他那样重视我说过的那句话，我一句鼓励的话成了他的奋斗目标。可想而知，为了这个第一，他付出了多少努力。事后，有人怀疑他作弊了。我说："我用人格担保，他没有。"他仍旧是微微一笑。从那以后，他的语文总在班级前几名，再也没有人怀疑了。后来，不仅语文，他的各科成绩都进步了。现在，他上高中了。毕业时，他对我说："谢谢你，老师。你的鼓励对我真的很重要。"而今天，我也想对他说声："谢谢！"因为是他让我明白："多一份赏识，就多了一份成功的希望。"

这个故事，给了我太多的感动与启示。文中的那个学生原本是我眼中认定的"差生"，如今他已是一名优秀的高中生。在这美丽转变的背后，他付出多少艰辛与努力，我们可想而知。他那执著努力的样子，让人感动、让人心疼。他的转变，使我在惊喜与欣慰的同时，也获得了更多的思索与启示。其实，每个孩子的心中都有一颗渴望成功的种子，教师的鼓励与引导就是那适时的阳光、雨露。让希望的种子在孩子心中生根发芽，而教师悉心的指导与关怀会一路呵护着这些幼苗茁壮成长，直到成功、成材。

看了上面这个案例，相信老师一定会受到启发，叙事研究法运用好了，是很生动的。现在的许多教师培训总是希望给教师多灌输一些东西，想靠讲座灌输使教师快速成长起来，其实专家专业引领必须与教师自主成长密切结合。因为教师的成长最终是靠自己找到自己。这就如同鸡蛋从外部打破是食物，从内部打破才是生命一样。外因不通过内因起变化，外因的力量就会流失。再如一个患者治病，尽管要借助各种药物，但是最终身体的恢复是靠自身机体对药物和营养的吸收。所以说，离开自身的力量，外来的力量总是苍白无力的。

微课题教育叙事研究就是让教师通过讲述自己的教育教学故事，在自己身上找到自己。

二、什么是教育叙事研究法

教育叙事研究是指以叙事的方式开展的教育研究，是教师以叙事、讲故事的方式表述教育教学规律的一种方法。研究者（主要是教师）通过对有意义的校园生活、教育教学事件、教育教学实践经验的描述与分析，发掘或揭示内隐于这些生活、事件、经验和行为背后的教育思想、教育理论和教育信念，从而发现教育的本质、规律和价值意义。

（一）教育叙事的主要特点

1. 叙事与研究相结合。叙事本来是一种文学样式，"叙"就是叙述，"事"就是故事。教育叙事研究离不开叙事，离不开讲故事，但也离不开研究。故事是研究的基础，研究是故事的升华。首先，教育叙事中需要有故事，这个故事不是一般的故事，而是在教师的教学实践中含有问题或疑难情境的真实发生的教学事件。其次，教育叙事不仅要讲教学故事，还要有对故事的进一步研究。故事本身是教师行动研究的记录，另有教师对故事的进一步反思和感悟。在对故事的再思考中，教师用自己的感受，捕捉到教学现象勃发的生命活力，发现实践的教学意义，生成属于自己的教学智慧。

2. 针对性与典型性相结合。教育叙事研究虽然讲究故事性，但它毕竟是一种研究活动,因此故事一是要有针对性,二是要有典型性。在教学中,不乏具有曲折离奇的故事情节的事件,但这里的讲故事不是记流水账,不是事无巨细地呈现教学实录,而是要有教师对日常教学的独特体验和感受,要能引发读者的共鸣和思索。针对性是指所探索的问题是有实际意义的。典型性是指故事具有深刻的普遍性,所叙故事要能透过个别事件,揭示教学生活的某些本质特征乃至教育发展的必然规律。

3. 真实性与可读性相结合。故事需要描述,没有描述就不能称其为故事,但对故事的描述必须是真实的,叙事研究不能杜撰。当然,叙事是一种文学样式,在保证真实的基础上,描述应该讲究艺术和文采,使其具有可读性。另外,描述不是沉溺于故事的自我陶醉,它还需要对故事进行反思、领悟,这就是解释。要通过解释,对自己的教学活动作出恰如其分的说明和思考。这种解释是教师在已有经验的基础上对教学实践的反思领悟,是故事描述的自然升华。

(二)教育叙事与其他教育文体的区别

1. 与教学案例的区别。虽然它们都以故事的形式呈现,但教育叙事叙述的是一个完整的故事,是个案;而教学案例是教学的整合,可以在教育叙事的基础上,以某个核心主题为对象,选取若干个有典型意义的、多种角度的教学故事来进行研究、反思和讨论,是宗案。依据不同的目的和主题,就范围来说,教育叙事可以大到介绍自己所在地区或学校教学的整体情况、课程标准的实施情况、教育教学改革的整体情况等,但更多的是偏重于描述一堂课、一个实验、一个课题、一次探究、一次活动,甚至是一个学生、一个题目等;就时间安排来说,教育叙事可以针对整个过程,也可以基于一个情境、一个片段,甚至是一句话、一个动作等;就侧重点来说,教育叙事的重心可以是知识与技能、过程与方法,也可以是情感态度与价值观,甚至是课堂纪律、学生管理等。所以,与教学案例相比,教育叙事更适合一般教师,因为它内容贴近实际、材料来源丰富、写作形式灵活、交流传播便捷。

2. 与教学论文的区别。教学论文以说理为目的，以议论为主，附以论证；教育叙事则以叙事为目的，以记叙为主，兼有说明和议论。也就是说，教育叙事是讲故事，通过故事来说明道理。

3. 与教案、教学设计的区别。教案和教学设计是事先设想的教学思路，是对准备实施的教学过程进行表述，是预期，没有结果。教育叙事则是对已发生过的教学事件的反映，写在教之后，有结果。

4. 与教学实录的区别。虽然它们都是对教学情境的描述，但教学实录是有闻必录，涉及全过程的全部内容；而教育叙事则可以视不同的主题有所选择，可以针对过程中的某一方面、某一情境或某一片段。

5. 与"本人业务自传"的区别。"本人业务自传"是将教师的教学业绩按照从教经历记录下来，写法上以铺陈叙述为主；而教育叙事是将教师的教学教育行为，用"故事＋议论"的形式再现出来，是教师反思自身教育教学行为的一种形式。前者重在因人记事，后者重在因事述理。

（三）为什么要重视叙事研究

1. 教师熟悉。实践是理论的故乡，教育科学不仅记载在各种理论著作中，也存在于教师日常备课、上课、批改、辅导、班级管理、学生思想教育等工作中。教育叙事研究是写教师自己经历的事，每个教师都有话可说、有事可写，这就为解决和攻克长期以来教育研究与教育行动分离、教育理论与教育实践脱节的顽症提供了一条切实有效的途径。

2. 真情实感。教育叙事是教育叙事研究的一种呈现方式，教育叙事研究是以讲故事的形式进行，而且故事直接来源于教师的教学经历、生活经历，其理解和解释取决于教师自己对教学、生活"现场"的独特把握和判断。因此，这种研究以其"平民化"的风格，给教师以亲切感，并且成为一道亮丽的风景，"流行"于教育期刊、报纸和网络。

3. 操作方便。过去，教师总不太敢承认自己是研究者，自觉理论水平低，只能从事教学实践工作。教育叙事研究的基本特征是："研究者以叙事、讲故事的方式表达对教育的理解和解释。它不直接定义教育是什么，也不直接规定教育应该怎么做，而只是给读者讲一个或多个教育故事，让读者从故事中体验教育是什么或应该怎么做。"简单地说，就是要让教师以浅显易懂的方式来表达科研成果。

4. **自主反思**。教师常常会有这样的感受：一堂课下来，自己体会到了某一个环节处理得不好，如果教师担任多个班的教学任务，可以马上在第二个班的教学中予以调整；但有时教师在某一节课中发现了一个得意的"闪光点"，并且也为之兴奋了好一阵，却往往随着时间的迁移而淡忘了。所以，有的老教师教了几十年的书，真正要评课，却说不出个所以然，回过头来看看自己，谈谈自己的教学特点，也谈不出什么。原因是什么？原因是在平时的课堂教学过程中缺少反思，缺少把那些故事写下来的习惯，缺少对这些经验和问题进行深入的思考。如果我们把一些教学中生成的片段、故事写下来，或者形成一些反思性的文字，日积月累，坚持下来，一段时间以后，我们就会发现自己的研究能力有了很大的提高。

三、怎样用好教育叙事研究法

关注原生态：教师自己的经验与发现的问题。应该相信，每个教师身上都有丰富宝贵的教学经验和研究成果有待梳理挖掘，不要盲目迷信名家和书本。教师关注发生在自己课堂和身边的那些问题、感悟与经验更为重要。因为这是原生态的、有生命温度的，往往更真实鲜活，更可靠。高手在民间，实践是理论的故乡。教学思想源于教育实践经验，生于教育过程，长于科学理论的引导。教师既要吸纳学习别人的东西，也要相信自己的东西。苏霍姆林斯基说："教师要把自己在教室里的经验教训，创造生成为对这个职业的思考，通过写作教育笔记的形式留下来，认为这样的成果是教师留给教育的宝贵财富，是值得珍惜的东西。"

（一）写好故事

一个好的故事，要有起因、经过、结果，要有生动有趣的情节和细节，语言要通俗精美，要有可读性。而好的故事也一定是鲜活生动的案例。如下面这个故事：

一份特殊的作业
北京延庆教育科学研究中心　闻杰

三中的小李老师和我研究录像课，休息的时候，她愁眉苦脸地递给我一份题为"闻中华壮歌叹痛苦生活"的作业：

书在吼，笔在叫，老师在咆哮，老师在咆哮。这边男孩论武侠，那边女生聊天爽呀，整个班里认真学习者真是少。忙里偷闲，情书高手出大作，才发了数学试卷，又飘来物理试卷。累坏我们，累坏老师，累坏家长，累坏咱的心。

原来，欣赏完《黄河大合唱》后，李老师给学生布置了课堂作业：让同学根据自己的实际，用反复的手法创作一首简单的歌曲，经小组讨论后，每组推荐一篇，在班内展示交流，然后老师进行讲评。

这篇作业引用了《黄河大合唱》中第七乐章《保卫黄河》的旋律。看着李老师征询的目光，我的脑海里飞快地闪过许多想法。

怎样处理和评价这篇引人注目、发人深省的作业呢？

"这位同学平时的表现怎么样？"我问李老师。

"表现一般，有点灵气，课堂上时不时地闹点动静！"李老师无奈地摇了摇头。

我说："根据新课标理念，教师在教学中应鼓励学生说真话，激发学生的创作激情，培育学生美好的情操和健全的人格，提高学生的全面素质。如此看来，李老师，你能不能按照新课标的精神，尝试着处理一下这个问题呢？"李老师表示回去可以认真研究一下，并邀我改天再来听他的讲评课。

两天后的音乐课上，李老师微笑着环视了全体同学，开始朗读这段歌词：

当读到"书在吼,笔在叫"时,大部分学生都在愣神儿,只有词作者的脸涨得通红,头已经深深地低了下去;当读到"老师在咆哮,老师在咆哮"时学生都哄堂大笑起来。小李老师继续朗读,话音刚落不知哪位同学竟带头鼓起掌来,教室里一时间掌声雷动。学生们各抒己见:"他写得太贴切了,简直就是一针见血,把我们的心里话都说出来了,这是哪位高手的大作?……"这时,词作者已经把头悄悄地抬起来了,偷偷地观察着老师。

李老师说:"作者是谁并不重要,重要的是这位同学敢说真话,能把自己的切实感受表达出来,这是很难得的,而且这首词的句式与曲调在结构上也是完全吻合的。"这种客观的评价和宽容的态度出乎词作者的意料,他涨红的脸已恢复正常,人也已经坐得笔直。

李老师接着说:"李老师想请同学们认真想一想,这首词流露出的情绪与《保卫黄河》中中华儿女保家卫国的豪情壮志相吻合吗?"李老师试唱了这段歌词,同学先是笑,接着就都摇头不语了。李老师说:"看你们的表情,我知道答案是否定的。这位同学被《保卫黄河》中中华儿女的豪情壮志所感染,触景生情,有感而发,借《保卫黄河》的音乐抒发了对自己'痛苦'的学习生活的真实感受。同学们能为他鼓掌,说明他所表达的这种情感是一种普遍的存在,这也说明我们学校的教育教学在观念和方式方法上确实存在着一些问题,而且这些问题在相当长的一段时间内还不可能有根本性的改变。"

这时候,课堂上议论声四起,像是成群的蜜蜂在嗡鸣。"同学们,李老师给大家讲个故事。"教室里一下子安静下来,李老师继续说道:"一个小姑娘打开北窗,看见邻居正在埋葬她心爱的那只小狗,她哭泣起来。他的父亲让她打开了南窗,只见满园盛开的鲜花在向她微笑着,向她散发着芬芳,她快乐起来。父亲告诉她:世界并没有错,错的是你,你开错了窗户。"

词作者主动站起来说:"老师,谁不想做成功者?谁会甘愿失败?可我们真的对这种学习环境感到痛苦!""你提出了一个很尖锐的问题。"李老师接着启发,"环境可以塑造人,但一个人要想成功就必须适应环境。为什么同样的环境在不同人的眼里会有截然相反的看法？原因就是看能不能用积极的心态去打开生活的另一扇窗！"同学们沉默不语，若有所思。

李老师接着说："痛苦并不是一件坏事，莎士比亚曾经对一个失去双亲的小男孩说'你真幸福'，小男孩当时很不理解，但后来，他渐渐领悟到正是因为没有双亲，他才一切只能依靠自己，如果自己不努力打开生活的另一扇窗，那么他面前就永远是痛苦的回忆和艰难的荆棘。于是，他比其他人更加乐观积极，更加勤奋努力，最终成为剑桥大学的校长。同学们感到痛苦是很正常的事，而以什么样的心态和角度去看待自己的痛苦，决定了你们人生道路的方向。"

最后，李老师充满激情地说："同学们，热爱生活吧，它是成功者生长的沃土；正确面对生活吧，前进的路上就永远不会迷失；热爱音乐吧，它将会成为你另一扇永远明亮的窗！我相信，这位颇具创作天赋的同学下节课一定会拿出一份让大家心潮澎湃、精神振奋的作品。"

那位男生第一个鼓起掌来，教室里掌声四起。

课后，我趁热打铁，让李老师把这节课写成案例。一个星期后，我看到案例的反思部分写道：宽容和欣赏——实施创作教学的前提；激励和鼓励——深化创作教学的动力；纠偏和养成——把握学生品德的方向。

要写好故事，就需要教师注意观察积累，乃至去创新。好的故事是做出来的，先有研究和探索，才有写作素材，好的故事是等不来的。

（二）提炼主题

刘良华说："每一个故事都是由一个事件和一个道理构成。故事是叙事的核心，而道理是故事的核心。"有了素材，并不等于就能写出叙事研究报告，这里还有一个分析研究、提炼加工、确定主题的过程。叙事研究的中心主题是什么？这个故事要揭示一个什么道理？给人以什么启迪？这个主题要体现教师的思想、理念，教师具有怎样的理念、秉持怎样的信仰，决定着教师在教育活动中的做法。

董卿主持的《朗读者》具有打动人心的情感力量，每一期都有一个吸引人的主题：第一期主题词——遇见；第二期主题词——陪伴；第三期主题词——选择；第四期主题词——礼物；第五期主题词——第一次；第六期主题词——眼泪……

对收集到的各种材料进行仔细比较、筛选和辨别，从中发现可用之处，是撰写教育叙事的第一步，接下来的一步是根据故事内容安排将材料整合起来。而一个完整的故事，应该有一个明确的主题，这个主题应体现相关的教育教学理念，是从某个或某些教育教学事件中产生的：从事件中梳理出线索，而不是将某个理论与几个教育教学事例嫁接在一起，即采用"观点+材料"或"事实+总结"的模式。

教育叙事必须注意两点：一是有真情实感；二是保证真实，不能杜撰。

所以，梳理教育故事一定要有价值、典型、中心突出，并且能清楚地说明一个问题、表达一个思想、蕴含一定的理念，千万不能写散了。

（三）写出情感

动人心者，莫先乎情。叙事研究，尤其是写德育故事，一定要写出情感，以情感人。辽宁特级教师董大方在《一封"情书"》的叙事研究中这样写道：

在科任老师的一节课上，我因有事走进了教室。科任老师递给我一封厚厚的信，很生气地对我说："我正在讲课，她就传信，让我没收了，你处理吧。"

我接过信，把那个学生叫出了教室。我拿着信问她："这是什么？"没想到她干脆地说："情书。"让我更没想到的是她还告诉了我情书是写给谁的。我问："你说我应如何处理？"她说："你会在班里读情书，然后当众批评我。"我问："我还会怎么做？"她说："你把我的妈妈叫到学校，你们一起批评我。"我又问："我还会如何做？"她说："你可能把信看完，撕掉再批评我。"

我告诉她："你是一个漂亮的女孩儿，虽然我接触你没几天，但是我知道你聪明可爱又善解人意。我相信谁都会喜欢你的，那个外班的男生喜欢你非常正常。但据我对你的了解，你这不能算是情书，也就算是个倾诉吧；他也不能算是你的男朋友，也就算是一个男性朋友吧。我没有权利看你的信，我相信你会处理好的。我把信给你，你自己处理吧。"她望着我愣住了，好像不相信我说的话。过了一会儿，她接过信把信撕个粉碎，然后扑到我的怀里哭了……我当时觉得我真没用，我怎么也跟着她哭了呢？我对她说："要记住，女人不是因为美丽才可爱，而是因为可爱而美丽！"从此她变得更可爱了，学习成绩也迅速上升。

动之以情，晓之以理，导之以行。叙事研究写出真情实感，才能启发和感染其他老师，这样的叙述才有魅力和价值。

（四）注重细节

从本文介绍的几个案例可以看出，这些案例之所以有魅力和价值，一个重要原因是都写出了细节。所以，叙事研究要抓住事件细微而又具体的典型情节加以生动细致地描述，这一点很关键。叙事研究的写作，应以故事为主线，以讲述为主导。在叙述的过程中，特别是用几个故事表达一个主题时，一定要注意时刻把握事件的主线，这样才能使事件的叙述不偏离主题。既然是一个故事，叙事描述就应该有情节，有细节，有起因、经过和结果。为了把故事写得生动、有可读性，教育叙事需要向读者讲述事件有关的时间、地点、人物、起因等，但背景介绍并不需要面面俱到，关键是要说明事件的发生是否有什么特别的条件或原因。

（五）揭示规律

教育叙事一般是前半部分为故事，后半部分或反思、或评点、或思考，言简意赅、有深意并能揭示规律。也就是说，好的教育叙事研究，不仅是教师自身心路历程的真实反映，同时也是其他教师借以反思自身的基础和对照学习的镜子，能够让大家从中受到启发。

这是前面介绍的《一份特殊的作业》叙事研究的评析：

【评析】面对一份特殊的作业,老师是直接批评否定,还是在引导鼓励中让学生自省,这关系到德育教育效果的好坏。要想取得好的德育效果,必须讲究德育艺术,否则有时会事与愿违。面对一个男生在作业中流露出的真实的不满情绪,在教研员的指导下,李老师采用了"欲抑先扬"的艺术,首先肯定了那个男生歌曲创作中的真实表达,以及对句式曲调的准确把握,然后以讲故事这种最易让人接受的方式,引导学生以积极的心态,正确的眼光看待世界,从而振奋学生的精神。这无疑是对学生的一次生动成功的教育。而且在德育过程中,教师还将那份特殊作业中流露出的悲观情绪与《保卫黄河》中的豪情壮志进行了对比,这种紧扣教材的德育,教育效果是不言而喻的。(张素珍)

这是董大方对《一封"情书"》叙事研究的思考:

【思考】歌德说:"青年男子哪个不善钟情?妙龄少女谁个不怀春?"由于少男少女性成熟的早期化、正当豆蔻年华,又由于社会存在着许许多多诱发朦恋的刺激因素,男女同学在交往中萌发爱慕之意是无可厚非的,就算是"早恋"恐怕也不值得大惊小怪,这正是青少年的性意识在生活中的真实反映。冷处理比热处理更好。"孩子犯了错就像上了房,硬逼他跳下来会摔伤的,要给他架梯子,保护他下来。狂风暴雨,寒霜酷热,幼苗是受不了的。"疏导就是在给学生架梯子,让他们安全地下来。

叙事研究揭示规律很重要,这是从具体到抽象、从感性到理性的过程。如果没有后面的揭示规律,那么研究就不够深刻。

叙事研究的写作表述形式是多种多样的,多数情况下用下面几种写作表述形式:1.案例背景—案例描述—案例分析。2.案例过程—案例反思。3.课例—问题—分析。

第七章 如何做经验总结研究

每一个教师在日常的教育教学工作中都积累了很多潜在的经验。这些经验是一笔财富,因为它源于实践。经验中蕴藏着科学,但经验并不等于科学。如能把经验梳理成科学规律,再用来指导实践,其价值将不可估量。

一、教学经验是一座有待开发的富矿

教师有时也不要太迷信名家和书本,要关注教育的原生态,即教师自己的经验与问题。高手在民间,实践是理论的故乡,自己在课堂教学中、在和学生接触中的那种感悟往往更真实鲜活,更可靠。如下面这位小学语文教师的教学经验研究就很有价值。

小学作文评改方法的研究

辽宁省本溪县高官九年义务教育学校　包蕊

回顾自己的作文教学，我发现一定比例的学生并不关注教师的评改，无论教师眉批、总批、圈画、润色得多么认真，下次学生的作文中仍旧病重犯，教师的辛苦成了徒劳无功，重复昨天错误的作文一篇又一篇，对待学生简直是"想说爱你却被吹散在无奈里，猛然回头，你还在那里啊！"问题就这样在我的脑海里越来越明确，如果能找到一种彰显智慧的评改作文的方式，能够让学生拿到作文本后自然地对自己的作文进行审视、自己找错纠错，甚至有的学生还会发现教师没有发现的问题，该有多好！为此我作了一点尝试。

一、反思作文"评"的目标，增设个性创意评分栏

习作评改从哪些方面进行呢？又从哪儿开始呢？我是个做事认真的人，那段时间急着做又不知从哪儿入手，那种感觉很痛苦。一天，网上一篇相关的文章启发了我，原来是自己对语文课程标准没有深刻的领悟。语文课程标准总目标中特别指出，"在发展语言能力的同时，发展思维能力，激发想象力和创造潜能"。除了用我们惯用的评价原则外，何不再多把衡量的标尺呢？经过反复琢磨，我决定尝试为一篇作文打两个成绩或三个成绩，具体做法是让学生在每篇作文结尾处设计出一个划分为两栏的小表格，一栏是"语言表达分"，一栏是"个性创意分"。有的学生语言表达能力不强，但他的作文独特而有个性，或是充满真情实感，我就把他的"个性创意"评价为"优"；有的学生语言表达能力较强，但作文缺乏新意，"个性创意"的评价就会降级，让他明白自己的努力方向，意识到创新思维能力的重要性。增设个性创意评分栏以后，一部分学生的习作变得有特色、有新意、耐人寻味了。没想到这个小小的举措给我带来了意外的惊喜和收获，也带来了灵感，微课题研究从此展开了。

二、改革作文"评"的内容，增设写作过程评分栏

可能许多语文老师会和我有同样的感慨：当我们坚持多年执著地给每一篇

习作精心点评之后，有的时候会出现一种不知如何给一篇习作下评语的感觉，纵使拥有满腹诗书也会无从下笔。因为每一次都是同样模式的评价语，再就是不同等级的评分，老师写评语写倦了，学生看评语看倦了，导致学生在作文发下来时看都不看，下次的作文依然重复昨天的故事，老病复发，毫无起色。

直到有一天，我发现在题为"读《爱莲说》想到的"的练笔中一个学生写道："陶渊明爱菊有诗为据，'采菊东篱下，悠然见南山''种豆南山下'不正印证了菊的隐士形象吗？"另一个学生写道："牡丹看上去十分浓艳，所谓'天下无双''人间第一香''品原夸富贵，职本重王侯'，因此，作者就用'富贵者'来比喻牡丹多么的恰当啊！"嗨，如果这两位学生习作前没有丰富的积累，怎会运用如此贴切的引用来清透地理解作者的寓意？我的思路也豁然开朗，原来我平时的评价只关注了结果，却忽视了写作过程，我们成人都知道写一篇论文要到处搜集、参考、借鉴，为什么不把这个方法宣传到学生中去，使学生的习作过程变得丰富多彩，从而让习作事半功倍呢？

想到了，就不等不靠。在每次习作之前，我都会动员学生收集资料。学生都生活在信息闭塞的农村，而且有一半的学生住在学校，收集信息非常困难，为了克服困难，我组织学生走进学校的图书室进行借阅，带领学生走进微机室上网查询，鼓励他们向各学科老师请教。在收集整理信息的过程中，学生的写作兴趣被激发了出来，写作技能有所提高。此时，微课题研究的思路在我的头脑中越来越清晰，于是我又在学生习作的评分栏中增设了第三栏，即"写作过程分"，小小的得分栏评价的是学生在习作过程中的观察、调查、阅读、思考与发现，它成为孩子们喜闻乐见的展示才能的平台，整个班级在习作上也出现了你追我赶的新局面。这时我的研究热情也极为高涨，简直处于亢奋状态。

三、反复推敲"评"的语言，增强眉批的实效性

回想自己以往的习作评改可谓是精批细改，可结合现代的教学理念反思一下，我对自己所谓的"认真"竟有些惭愧，因为我忽然觉得我的"认真"在一定程度上代替了学生的思维，助推了学生的惰性。在当今提倡的人文性、多元

化的作文评改中，可以说评改的风格异彩纷呈，风情万种，说不定老师的哪句评语就会点亮学生的心灯，乃至影响学生的一生。于是我就在眉批方面进行了改进和尝试。

1. 变"师批"为"生改"。对于文字功底差些的，在各段文字旁作如是眉批："本段有两个错别字，一个运用不恰当的词，一个不通顺的句子，请订正"；对于文字功底好些的，只在文末批一句："本文有两个错别字，一个病句，请找出来纠正"。这样一来，学生在作文发下去后，马上就会对自己作文中出现的问题进行修改，这就增强了学生的主动性。

2. 变"笼统评"为"具体评"。针对行文中优点的肯定一改往日"开头吸引人，过渡自然，结尾扣题"等生硬的眉批语言，而是换成了"你的开头很诱人，俗话说良好的开端等于成功的一半，祝贺你迈出了成功的一步""这一过渡既为文章架设了桥梁，又增添了不少色彩""你的结尾意味深长，令人遐想无穷"，这样的评语使学生对自己习作的水平有了清楚的认识。

3. 对学生个性的表现给予充分的肯定和鼓励。在眉批的过程中，我时常带着"学生到底需要什么"这样的问题来给学生写出不同的评语，或委婉，或商榷，或启发，或纠正。学生的习作一次次在进步，我也经常在学生的作文总批处写道："你的改变让我格外欣喜，有你这样的学生是我最大的幸福，相信你的写作水平会更上一层楼！"

聪明的教师就应该学会像包蕊老师这样边工作、边学习、边研究、边梳理，坚持不懈地做下去。特级教师钱守旺说，教师成长有"五条通道"可走：把别人的智慧借过来；把看懂的东西做出来；把困惑的问题摆出来；把研究的成果写出来；把成功的经验传出去。一旦你做到了会上课、会梳理、会交流、会传播、会引领，那么自己不想成为名师都难。

二、什么是经验总结研究法

学者布莱基说:"组织得好的石头成为建筑,组织得好的社会规则成为宪法,组织得好的事实能成为科学。"包蕊老师的故事能给我们什么启示呢?她的成长背后隐含着众多的教育科学和规律,并且她把它们梳理出来了,而很多老师却没有用心去梳理自己的成长经验。其实,在我们千千万万个教师的课堂教学、班级管理的日常教育教学工作中,也有很多非常有价值的成长故事,如果教师能去发现、去研究它们,也一样能研究出成果。而我们可以运用的方法便是经验总结研究法。

我们知道,教育教学经验可以分为两种:

一种是教师在教育教学实践中凭直观感觉和体会积累起来的一些经验。这种经验的形态是:教育活动过程+效果+体会。这些经验还没有经过认真的分析综合、总结提高,即还没有上升为理论。所以,这些经验还是孤立的、局部的、零散的、比较原始的,这些经验还不能说是科学的,还没有揭示一般的教育教学规律,并没有普遍的指导意义。目前,大多数教师的经验还停留在这个初级阶段的水平上。

另一种经验是教师通过总结研究,即在教育教学感性认识的基础上,通过分析、归纳,得出对事物或现象的理性认识,揭示事物或现象之间的内在联系及其规律,进而把教育经验上升为教育理论、科学经验。

什么是经验总结研究法?所谓经验总结研究法,是指研究者依据一定的研究目的和目标,对某种教育教学实践活动和经验进行分析研究、总结提炼,由感性认识上升为理性认识,将个别局部经验转变成具有普遍指导意义的科学经验,从而揭示教育教学规律的一种研究方法。显然,经验总结研究的成果是指第二种教育教学经验。

许多教师认为,要搞研究就得搞实验,研究是以后的事。其实不然,经验总结研究恰是对过去工作的研究,它是一种回溯研究,研究对象是"过去"的、已经完成的教育教学现象，而不是未来的教育教学现象。它所报告的内容是"实然"的教育实践，而不是"应然"的教育规则或"或然"的教育想象。

教育经验总结是一种追因研究。如果说实验法是先确定原因（假设），然后考察这些原因导致的结果，那么，经验总结研究则是根据已经发生的结果追溯其原因。经验总结研究的出发点是已有经验，而其基础是取得经验的具体教育过程。因此，它既有直接研究的一面，又有间接研究的一面。经验总结研究是通过"追因"以揭示教育规律的一种研究方法。

实践是理论的故乡，教育科学不仅存在于专家的著作中，更存在于民间——广大教师的课堂教学、班级管理的日常教育教学工作中。

教育经验总结研究的过程是离不开实践的。总结教育经验，就实践者而言，必须边实践、边探索、边总结，逐步实现由感性认识到理性认识的飞跃；就研究者而言，必须经常深入教育教学第一线，调查、访问、观察、思考，必要时还得亲自参与实践过程，以获得丰富的感性材料，并在此基础上通过经验总结研究而建立起科学的理论。实践—认识—再实践，教育经验总结研究的成果必须再回到教育实践之中，以指导今后的新的实践。

经验总结研究法具有实用性。一方面，经验总结研究法作为具有常规性、普及性的一种教育科研方法，操作程序简单明了、易于掌握。另一方面，中小学校长、教师利用经验总结研究法开展教育科研活动，既不影响正常的教育教学工作的连续性，又可以大大促进自己的本职工作。

经验总结研究法具有适用性。经验总结研究法的适用范围非常广泛，任何一方面的教育问题都可以成为教育经验总结研究的对象，只要在这方面具有突出的经验即可。此外，运用经验总结研究法进行教育科研，没有特殊的科研条件的限制，可以因地制宜、因时制宜，可以因人而异、因事而异，因而具有较大的灵活性和广泛的适用性。

三、怎样用好经验总结研究法

教师怎样运用经验总结研究法呢？可以考虑这样几个问题。

（一）确定主题

确定主题就是确定我要总结梳理什么。教育教学工作零零碎碎，婆婆妈妈，不可能什么都梳理，一定要有所选择和取舍。如前文包蕊老师的《小学作文评改方法的研究》就是紧紧抓住"评改方法"这个主题来梳理。再如总结班主任工作，应注意问自己：我做班主任感悟最深、效果最好的是什么？以此来确定自己该写什么，不该写什么。

梳理表述经验，最怕的就是对众多教育教学工作缺乏提炼和取舍，面面俱到，导致重点不突出，平淡无奇。

（二）整理思路

整理思路，就是把要总结的内容梳理出一个框架：要总结的内容可以分几部分，先写什么，后写什么，每一部分都写什么。整理思路的最好方法就是列小标题。小标题的梳理过程，就是提炼观点的过程。列小标题可以是在一级标题下面根据需要再列二级标题。小标题列出来，文章框架就出来了，写文章的思路也就出来了。如前文包蕊老师的《小学作文评改方法的研究》紧紧抓住"评改方法"这个主题来梳理，列了三个小标题：反思作文"评"的目标，增设个性创意评分栏；改革作文"评"的内容，增设写作过程评分栏；反复推敲"评"的语言，增强眉批的实效性。她用这三个方面的具体做法作为框架，一篇很好的教学经验就写出来了。这里最关键的是主题鲜明、内容集中。

当然，在实际梳理经验时，一开始不要对小标题梳理得太严格，死抠。因为一开始思路还不是很清晰，所以小标题不一定要很成熟，等文章写完后再修改完善也是可以的。

（三）提炼观点

梳理教育教学经验贵在找到规律性的东西，即从众多纷繁复杂的现象中找到反映本质的内容。这样，你的经验才能够从个别到一般，从个性到共性，具有普遍指导意义。比如，每个班主任在工作中虽然是个体，但他一定会遇到与其他班主任相类似的矛盾、问题，采用相类似的解决矛盾、问题的方法策略，挖掘这当中规律性的东西，提炼出一些观点和方法，你的班主任经验材料才会有高度和深度，这样也才有了让人学习推广的价值。

比如如何转变后进生的问题，下面这几条经验便具有规律性，值得借鉴：

改变刺头的几条铁律

1.爱是教育的基础：越是不可爱的孩子，越是需要爱的孩子。班主任要改变学生，先改变自己，做到宽容、耐心、欣赏就可以了，容许他们犯小错误。

2.利用闪光点：欣赏，多发现这些学生身上的优点，别总盯着人家的缺点。

3.因材施教：你对学生的了解有多少，你的教育成功就有多少，同病异药，一把钥匙开一把锁。

4.捕捉教育时机：班主任要有静待花开的耐心，慢慢来，心急吃不了热豆腐，慢工出细活儿。

5.增强自信心：自信是成功的第一要诀，而后进生恰恰缺少自信心，从增强后进生自信心入手，让后进生获得成功的激励是班主任比较普遍的做法。

6.抓反复，反复抓：后进生出现反复是很正常的现象，不正视、不宽容、不原谅，不抓反复，不反复抓，后进生是抓不好的。

当我们做到这些的时候，我们就会发现学生越来越可爱，越来越有出息。

再如撰写"怎样建立班集体"这样的经验材料时，就要思考：建立优秀班集体是班主任一项重要的基本功。班级管理不是班主任一个人的事，千万不要用个人的力量与集体对抗。事实是一个学生可能不怕来自老师的批评，但怕在班集体中受到同学们的埋怨，或者说老师孤立地教育一个学生较为困难，而在班集体的影响下，同学们一起帮助教育一个学生则比较自然而有效，这就是来自班集体的力量。

要改变一个人，个人的力量是有限的，集体的力量是无穷的。把他放到集体中，用集体的力量来改变他，代价小，效果大。教育了集体、团结了集体、加强了集体以后，集体自身就会形成很强大的教育力量。那么班主任应该怎样去建立优秀班集体呢？

建立优秀班集体的几条铁律

1. 班主任的人格魅力（爱心、民主、公正、律己）。

2. 树立理想追求，明确集体奋斗目标。

3. 用好班干部，形成领导核心。

4. 立班规班法，制度管人，法治，而不是人治。

5. 正确的舆论引导，形成良好班风。

6. 有特色的班级活动。

7. 培养学生自主管理的能力。

写作表述方式虽然可能多种多样，但这些核心观点应该阐述出来。提炼观点时，可以借助教育理论：一是撰稿时去读一些教育理论书籍，寻找思维碰撞；二是在论述观点时借助理论书籍上的一些观点作为支撑，把这些理论观点融进自己的班主任工作实践中去。

（四）寻找抓手

教师在一开始梳理经验时总是打不开思路，面对诸多经验，是老虎吃天无从下口。应该想办法找到一个抓手，或者说找到一个线索或突破口。烹饪讲究火候，种地需抓农时，打仗要抓战机，做学生的思想工作则要善于抓住教育时机。如果你想写班主任做思想工作的艺术，你就可以以"抓教育时机"为抓手进行梳理。所谓抓教育时机，就是针对青少年的心理特点，选择和运用最适合的教育方法和手段，在最有效、最易发生作用的时间进行教育。

捕捉教育的时机

1. 开端之际。一学期、一学年的开始，特别是新生入学时，面临新学校、新老师、新同学和新学习任务，每一个学生心理上都会产生新想法。

2. 重大事件发生之际。

3. 典型范例出现之际。

4. 初露苗头之际。学生的思想品德表现尚处在萌芽状态中，稍有端倪，适时进行教育。

5. 更师之际。学生更换老师的时候，也正是新老师树立威信的最好时机。

6. 闪光之际。学生因成功而获得了荣誉和嘉奖的时候，往往也是对其教育的最佳时机。

7. 受挫之际。"平时一席丰盛宴，不如漂泊一饭恩。"难中相助，如雪中送炭，令人终生难忘。

8. 负疚之际。有些学生闯了祸，犯了错误，有一种负疚感，特别是初犯错误和品行较好的学生，负疚的心理尤为突出。在这种心理状态下，教师应该不失时机地进行引导。

以"抓教育时机"为抓手，展开谈谈自己的感悟和做法，每个问题里举一个恰当的例子，这样教育教学经验便既有理论又有实践。

（五）可读性强

有很多教师写教育教学的经验材料，科学性是不错的，但是可读性不强，文字刻板枯燥，缺乏艺术魅力。要想把经验材料写好，不仅要考虑科学性，还应该考虑艺术性和可读性。如下面这篇文章，既有科学性，又有艺术性，自然就有其可读性：

我马上意识到她的学习方法有问题
辽宁省本溪满族自治县实验小学　李敏

在过去漫长的教育史上，许多人都孜孜不倦地研究教法，我也是这个队伍中的一员，也曾提出并试验过不少教法。随着观念的更新，我认识到光重教法还不行，必须研究学法，使教与学和谐统一，学习效率才会不断提高。

我曾教过一个姓胡的学生。据说她小时候说起话来一板一眼，背起诗来一套一套的，谁见了，都说她是个天性聪慧的孩子。可是她上学以后，这种天生的智慧非但没有表现出来，反而越落越远了。家长着急，老师补课，全无效。

此后，我天天都琢磨。一天，我讲完课，让学生做练习。我一边在桌间巡视一边下意识地重复讲过的加法交换律，偶然一回头，发现她正目不转睛地盯着我，我立刻感到有些诧异。

"你在干什么？"我问她。

"我在听您讲加法交换律呢。"

"怎么不做练习呢？"

"刚才您讲的我没记住。"

我马上意识到她的学习方法有问题。

第二节课正好是数学练习课，我边讲课边观察。哦，我发现了，她的眼睛总是盯着我。我叙述黑板上写的话，她也不看黑板。我初步认定她是不会听课，不会学习。

下课了，我把她叫到一边，和她进行了一番有趣的对话：

"讲课时你为什么总不看黑板呢？"

"我想把您讲的话都记住，不盯住您怕落下。"

"当你背书上的法则时，你是想方框里的黑字怎样写的，还是想老师在课堂上怎样讲怎样算的呢？"

"我想方框里的黑字是怎样写的，哪个字挨着哪个字。"

得了，不必再问，这完全证实了我的判断。

从此以后，我开始对她进行个别指导，不是指导她怎样做题，而是指导她怎样听课，怎样看书，怎样做作业，怎样预习……她渐渐地会学习了，成绩上来了。

由此我体会到，必须让孩子会学习，掌握学习方法。在课堂教学中，我通过多种方法培养学生自己解决问题的能力，逐步养成自觉学习的习惯。

教学中我不但注重让学生会学，同时也注意训练让学生善学。我认为，任何知识都有规律可循，学生掌握知识的过程，在一定意义上也是一个寻找规律的过程，找到规律就能会学，会找规律，就能善学。沿着找规律的轨迹发展，学生的学习技巧就会得到培养。

智力因素和非智力因素是儿童成长的两个翅膀，哪一个不丰满都会影响起飞，影响发展。在教学中，我竭力培养学生的非智力因素，尤其是学习方法和学习兴趣，让学生变被动学为主动学，产生"我要学"的心理需要，这样，学生才会离知识的彼岸越来越近。

再比如梳理班主任工作的境界和水平，大家可以下面的"五个层次"为抓手，结合自己的实践和体会写出一篇好材料：

班主任的五个层次

第一个层次："凭个人好恶管理班级"——"艺术家式"管理。

第二个层次："从头管到脚"——"总理式"管理。

第三个层次:"称兄道弟,平等待生"——"朋友式"管理。

第四个层次:"放手让学生自主管理"——"辅导员式"管理。

第五个层次:"教师带领学生共同奋斗"——"领导式"管理。

用这种梳理提炼方式,既有深度,又有艺术性,通俗易懂,有可读性。

另外,从语言表述风格看,下文的表述便容易被读者接受,因为不仅通俗易懂,还有文采,可读性强。教育教学经验要尽量避免写得空洞枯燥。

班主任工作是一门科学,更是一门艺术。班主任是最小的领导,最辛苦的领导,也是最幸福的领导。要想当好班主任,不仅要有童心和爱心,还要有智慧。全国优秀班主任董大方说:"懒惰班主任教出勤快学生。我在班上成立了智囊团,学生积极报名参加,平日的墙报和班级文化布置一并交给他们。从确立主题到排版布置,智囊团的成员奇思妙想、分工合作,有的设计板块,有的打印标题,有的裁剪花边装饰……他们还组织其他同学负责绘画、搜集资料、打印习作等工作。他们工作热情高涨,总是利用课间或午休时间'见缝插针',高效率完成布置的任务,班级多次在评比中获奖。而我只在旁边起到一个监督和指导的作用。"

班主任秘诀:"宏观调控",当"甩手掌柜",忽略一些细节,不必凡事力求完美。班主任要敢于接受学生参与班级管理的不同结果。凡事都无法忽略、亲力亲为的班主任,所带的学生也必然是循规蹈矩、踌躇不前的。班主任要制订班级管理计划。从时间范畴说:时时有事做,事事有时做;从空间范畴说:人人有事做,事事有人做。每接到一个新班级,要将班级管理成什么样子,班主任心中要有一个蓝图。根据班级管理的周期性、阶段性,可以把计划分为整体计划和阶段计划。整体计划要依据时代发展要求,提出管理的总目标;然后,根据学生的年龄特征、学习阶段、个体的认识规律、个体素质等,按学年、学期再分为若干个体目标;在每个个体目标下又可以把内容细化,如思想建设、学习能力、生活能力、素质特征等；学习能力上又可细分为知识程度、能力提高、态度端正等。同时，要在每一个方面设立相应的指标要求，最后构成统一的"管理目标一览表"。

这样班主任才能实现"宏观调控"，当"甩手掌柜"。

"确定主题—整理思路—提炼观点—寻找抓手—注重可读性"，这是教师运用教育经验总结法的基本策略与技巧，按着这一思路和步骤进行研究，相信每个教师都能梳理总结出有价值的研究成果。

第八章

如何做实验研究

实验研究法是教师开展研究的一个重要方法。实验研究法与其他研究方法相比更为复杂,需要的时间和精力更多,但它的研究价值更大。

一、用实验证明你的设想

教师面对诸多教育教学问题,总会产生一些解决问题的设想,那么用什么方法来证明自己的设想可行不可行呢?可以用实验研究来证明自己的设想。如下面这个案例:

实验研究让我提高了英语复习课的有效性
辽宁本溪满族自治县高中　果姝

在我看来,教育科研那是专家学者的事,对于我们这些一线教师来说,一是比较陌生,不是太懂;二是时间也不够，除了备课、上课、批改、辅导、管理班级，哪还有时间搞科研。不过，这已是我过去的想法。从 2011 年开始，我校开展了微课题研究，作为学校中的骨干教师，我责无旁贷，积极参与其中。一路走来，尽管有过困惑、徘徊，但更多的还是探索和创新。这次走进教育科研的微课题研究，也让我有了意外的收获。下面，我就讲讲我是怎样通过实验法来进行"提高英语复习课的有效性"的研究的。

一、研究选题

作为一名高中教师，我一直希望通过复习课帮助学生回顾、归纳、总结、系统梳理知识，使学生某些遗忘的知识得以巩固，零碎的知识得以条理化，形成整体的认知结构，更加准确地掌握知识，提高英语运用的能力。可是，在实际的教学过程中，我发现复习课的效果并不尽如人意。我精心准备了复习内容，可学生好像并不"领情"——课堂沉闷，学生没有太大的参与热情。我自己倒是越讲越会，可学生却没记住多少，有的甚至昏昏欲睡。自己讲得口干舌燥，可想要的教学效果却达不到。为什么会这样？问题到底出在哪里？如何去解决这个问题？

二、问题分析

困惑中的我对课堂进行了仔细的梳理，并与其他老师交流，作了细致的反思。以往的复习课上，我常用的是"教师讲语法，学生做练习"的旧模式。由于复习时间紧、任务重，我就面面俱到地讲，生怕漏掉了哪个知识，这样就成了"满堂灌"。由于课堂时间大部分被我占用了，光讲不练还不行，为了解决"学生练"的问题，课后便塞给学生大量的练习。这样一来，不仅上课效率不高，而且加重了学生的课后负担。此外，我还忽视了一个重要的方面，那就是英语复习课与新授课相比，在一定程度上会失去新鲜感，枯燥的复习内容更让学生对复习课没有足够的兴趣，这怎么能保证复习的效果呢？因此，我得出结论：老套路的复习，不仅会使学生的学习兴趣减弱，加重他们的学习负担，而且也不能有效提高英语复习效果。改变课堂授课模式，激发学生的兴趣，提高复习课的效率，是我必须去实验、去研究的问题。

三、研究过程

决定采用实验研究法，从哪里下手呢？我从以下几个方面开始做工作：

1. 改变观念，把课堂还给学生。思想决定着方向。最开始要做的，是先改变自己的教育理念，把由我掌控的课堂还给学生。我决定尝试放手，把一些环节交给学生完成。我告诉自己不要不放心，要相信学生有能力做好；我告诉自己要有耐心，要允许学生最初的不适应。

2. 精心设置课堂环节。让学生动心，积极参与复习，提高趣味性。被动地接受，学生会感觉比较累，效果不好。在尝试的过程中，我把原来教师满堂灌的模式变了点花样：

（1）"我来做老师"，让学生引领复习。比如，把单词复习交给学生。可以充分利用每堂课的预备时间，让几个学生把一课中平时自己容易写错的单词和短语写在黑板上，然后让他们当小老师，抽几个学生起来订正。最后，再由他们强调应该着重注意的地方和容易出错的地方。这样一来，不仅其他学生记住了，当"老师"的学生也能很清晰地记住，学生出现单词拼错的频率逐渐降低。

（2）引入会认的单词PK、重点词汇用法大比拼、选图答题三个游戏竞争环节，以小组为单位，组内合作、组间竞争，增强复习的趣味性。

四、研究成效

经过几个月的实验尝试和探讨，我收获颇多。

1. 建构了高效复习课七步教学法。学校的领导让我给全校教师上一堂示范课，大家认为我的课上得很好，并建议我总结出一种教学模式。经过反思和梳理，确定了我的复习课的教学模式是七步教学法。

2. 提高复习效果。在实验的过程中，我看到了学生注意力高度集中，紧紧参与课堂的教学效果，这让我非常欣慰。

3. 在本溪县名师工程课题研究培训会上我作了这项研究的经验介绍。与会的名师学员、教育局领导和县师校的领导给予了高度评价和赞扬。我的研究报告还被收录在我校出版的《雨润凰山》一书中。

4. 这项研究被立项为市级课题。

二、什么是实验研究法

通俗地说，这是一种先想后做的研究方法（相对来说）。"想"：从已有的理论和经验出发，形成某种教育思想和理论构想，即"假说"（亦可称"假设"）。"做"：将形成的假说在积极主动、有计划、有控制的教育实践中加以验证。通过对实验对象变化、发展状况的观察，确立自变量与因变量之间的因果关系，有效地验证和完善假说。

1. 实验研究法的特征。"验证假说"和"控制条件"是一切实验方法所具备的共性。教育实验的几层含义：首先，教育实验必须确立自变量与因变量之间的因果关系；其次，教育实验必须科学地选择研究对象；最后，教育实验必须控制和操纵实验条件。实验应当具有可重复性，亦即应不仅具有效度，而且具有信度（经过重复实验后所得到的实验结果应大致相同）。

2. 什么是"假说"。所谓"假说"，就是根据事实材料和一定的科学理论，对所研究问题的因果性和规律性在进行研究之前预先作出一个推测性论断和假定性解释。假说的形成是一个理论构思过程，一般需经过三个阶段：发现问题—初步假设—形成假说。

3. 教育实验中的"变量"。（1）自变量。自变量又称作实验因子或实验因素，它由实验者操纵，由实验因子自身独立的变化而引起其他变量发生变化。例如，考察不同教材对学生的学习影响。在这里，教材就是实验自变量。再如，构建"'乐学·会学'式课堂教学基本模式"的实验，一个实验因子至少要有两种水平（如两个组、两个班级等），才能进行比较。否则，其本身就不能构成实验因子。（2）因变量。因变量是一种假定的结果变量，是对自变量的反应变量，或曰"输出"。它是实验变量作用于实验对象之后所出现的效果变量。实验因变量必须具有一定的可测性。(3)无关变量。无关变量也称控制变量。那些不是某实验所需要研究的、自变量与因变量之外的一切变量，统称为该实验研究的无关变量，也称非实验因子或无关因子。例如，不同教材的比较实验，教材之外的教师水平、学生原有基础、家教、学习时间等一切可能影响教学效果的因素都是该实验中的无关变量。

控制无关变量非常重要。为了很好地探索因果关系，以切实保证因变量的变化是由自变量的变化所引起的，就必须排除其他无关因素的影响，控制无关因素，使实验除了自变量以外的其他条件保持一致。只有这样，才能保证实验研究具有一定的效度。否则，实验就失败了。

4.实验的操作。严密控制实验过程至关重要：形成假说—研究制订严谨科学的实验方案（选择被试对象、确定对比组、实验方法过程的设计、实验材料和工具的选择、研究无关变量及其控制措施、实验的阶段划分、原始过程性资料积累的方案与分工、成果形式的确定等）—按照方案实施实验—形成实验的阶段性报告和总结性报告—对实验进行评价论证。

三、怎样用好实验研究法

怎样运用实验研究法？

实验研究法通常有以下六个步骤：

第一步：发现问题与困惑。问题即课题，微课题研究的目的是解决教育教学中存在的各种具体问题。所以，教师要搞好微课题研究，首先要能发现问题。比如果姝老师的研究是从如何提高复习课效率开始的。在实际的教学过程中发现，复习课的效果并不尽如人意。以往的"满堂灌"，教师越讲越会，可学生却没记住多少，收效甚微；为解决"学生练"的问题，课后塞给学生大量的练习……老套路的复习，不仅会使学生的学习兴趣减弱，加重他们的学习负担，而且也不能有效提高英语复习效果。那么，怎样才能提高复习课的效率，切实做到"减负"呢？就此问题，果姝老师进行了提高英语复习课效率的教学实验与研究。

第二步：选题与确立假设。面对诸多的实际问题，教师究竟该选哪一个问题呢？当问题成为困难时，教师需要分析问题的主要表现与原因是什么，继而查阅资料、学习借鉴他人的经验，寻求解决问题的办法。

如果姝老师说："困惑中的我对课堂进行了仔细的梳理，并与其他老师交流，作了细致的反思。以往的复习课上，我常用的是'教师讲语法，学生做练习'的旧模式……由于课堂时间大部分被我占用了……课后便塞给学生大量的练习。这样一来，不仅上课效率不高，而且加重了学生的课后负担。此外，……枯燥的复习内容更让学生对复习课没有足够的兴趣，这怎么能保证复习的效果呢？"因此，果姝老师得出结论："老套路的复习，不仅会使学生的学习兴趣减弱，加重他们的学习负担，而且也不能有效提高英语复习效果。改变课堂授课模式，激发学生的兴趣，提高复习课的效率，是我必须去实验、去研究的问题。"

第三步：搜集资料与寻找解决方法。这是一个分析问题和研究问题的过程。针对问题，教师可从以下几个方面去寻找解决问题的方法：一是分析问题原因；二是围绕研究专题，从图书和网上查阅相关材料，去借鉴别人的经验；三是直接向有经验的教师请教；四是动脑筋思考。总之，应设法找到解决问题的办法，并形成思路或计划。例如，果姝老师"提高英语复习课的有效性"是从哪里入手的呢？

1. 改变观念，把课堂还给学生，决定尝试放手，把一些环节交给学生完成。

2. 精心设置课堂环节，把原来教师满堂灌的模式变了点花样，让学生动心，积极参与复习，提高趣味性。

第四步：尝试操作。微课题研究的核心是行动，即按照研究方案的设想去尝试实践检验效果的过程。如案例中的课题，果姝老师带领团队从2011年

4月第一周开始筹备探讨微课题研究立项内容及方案计划,到2011年7月第一周微课题总结,历时3个多月,反反复复进行尝试和研究。

第五步:总结反思,补充修改,再尝试。人们对规律的认识往往不是一次完成的,可能都需要一个反反复复的过程。微课题研究要想获得成功,也需要经历尝试—总结—修改—再尝试—直至成功的过程。在这一环节中,有效的反思是至关重要的。面对转瞬即逝的问题,不仅要知晓正在发生什么,寻求何种可行的解决策略,更为重要的是,要深入探究导致这一现象的根源是什么。例如识字教学,可分析一下,哪些效果好,哪些效果不好,为什么,怎样改进,然后修改计划再进行新一轮的尝试。

第六步:研究成果的表述。微课题实验研究成果的表达方式可以是撰写教育叙事、案例描述、课例报告、经验总结等,但最常见的表述方式还是撰写实验报告。

第九章 如何做文献研究

从平平常常的各种文献资料，如学生的作品、日记、作业、试卷、作文、书信等内容中，去挖掘、发现有价值的东西，从而总结出规律，这也是教师搞研究的一种好方法。

一、从平凡中去发现问题

有些教师总是抱怨，让我做什么研究？每天的工作琐碎平常，有什么可研究的，研究什么呢？其实学校里不是没有研究素材，而是有的教师缺乏发现的眼睛。留心天下皆学问，善观察者可见常人所莫见，不善观察者入宝山也会空手而回。如果教师用心去观察、去思考，就会发现学校处处是研究之地，天天是研究之时，人人是研究之人。如辽宁省本溪满族自治县第五中学的张万波老师便运用文献研究法，做了一项很有价值的研究。

初中数学纠错本有效使用的研究

辽宁省本溪满族自治县第五中学 张万波

一个留日孩子的家长撰文称,他曾问孩子:"你日语不好,上课发言还那么积极,就不怕出错?"孩子说:"不怕!老师说教室就是出错的地方。如果人人都怕出错,不敢说自己的想法,正确的答案从哪里来?让老师一个人讲,才是最糟糕的。"

"教室就是出错的地方。"这句话说得多好。教室是最容易出错的地方,也是最容易纠错的地方。正是出错与纠错的无限循环,才使每个学生变成了天才。因为不会才学,因为种种原因,也不会一下子什么都能学会。由此可见,学生在学习中出现错误在所难免。可是,学生出错又该如何处理呢?尤其面对学生在作业和试卷中屡屡出现的错误,又该如何解决呢?出错不可怕,关键是如何纠错。多年来,我们曾为学生纠错很伤脑筋。

2009年开始,在外地经验的启发下,我们找到了一种纠正学生学习错误的好方法,这就是建立纠错本,并把它列为一项科研课题来研究。三年过去了,效果很好,也总结出一些规律,如今这种方法还在使用中。

这是一种什么研究方法呢?过去,我们也不是太懂。看了资料以后,我们知道,这项研究除了运用了调查法以外,更主要的是用了学生的试卷和纠错本这样的文本资料。所以,用科研的术语说,这叫文献研究法。

我们知道,学生的学习总是和错误相伴的。所以说,"错误是重要的教学资源"。如何处理学生学习过程中出现的错误?这是很值得研究的课题。"初中数学纠错本有效使用"的研究课题正是缘于这种思考确立的。

一、问题的提出

在学校里,每每翻开学生的考试试卷和作业本,总会看到学生大量的错误,而且往往是一错再错。面对学生的错题,教师费了九牛二虎之力讲解"透彻",可没过多久,学生还是在同道题中犯下同样的错误。这就搞得教师或怀疑学生的智力和上课的专注，或怀疑自己教学方法上的缺失。可怜我们的孩子心灰意冷："唉！老师不说我也知道自己有多笨了，我看这辈子我是没能力学数学了！"因此，他们更加畏惧数学的深不可测，最终放弃，没有学好数学的勇气。

针对这些问题，我校从2009年起全面推行的"学科学习三本一集"（预习质疑本/笔记本/纠错本/资料集）正是基于个别化自主学习的一次有效探索与成功尝试。我选"学科学习三本一集"之一的纠错本作为研究范围。它既是学生积累学习经验的宝库，又是教师改进教学、探索规律的重要依据。这些错题源于学生自己的错误，便于自己分析自己的错误、自己纠正自己的错误，为学生搭建了自己学习数学的平台。

二、研究方法

本课题的研究主要采用调查研究法和文献研究法，资料收集的方式有文本分析、问卷和访谈。

三、研究结果分析

两年来，通过对这个微课题的研究，我和我的学生们都有很大的受益。从开始的不积极到后来的主动积极地去建立与使用纠错本，在这一变化过程的背后，有我们的付出，当然也有付出后尝到的甜头和很大的收获。总结起来，主要有以下两点：

1. 提高了纠错本的使用功效。

（1）纠错本使用情况的调查。

2010年12月，我对八（1）班和八（2）班纠错本的使用情况进行了一次调查。受调纠错本所涉内容的时间跨度为：2010年9月1日至2010年12月18日。通过调查，发现纠错本在使用上存在以下问题：

①纠错本的建立和规范使用情况。

本次调查对所抽取的纠错本进行了初步的数据统计，调查结果显示如下：

班级	受调本数	符合要求的本数	使用规范率	没有红笔批注的本数	没有标注错误原因的本数	没有抄写原题和原错误的本数	纠错本大小和设计不合要求的本数
八（1）班	17	14	82.35%	1	3	1	1
八（2）班	22	4	18.18%	10	8	6	5

备注：使用规范率（%）= 符合要求的本数／受调本数。

从上表中可以看出，学生在纠错本的建立和规范程度上还存在一定的问题，还需教师在下一步的教学中对纠错本的建立、设计和管理作统一细致的要求。在一周内要再次检查，让班级的所有学生都有符合要求的纠错本。同时，下一阶段要定期检查。

②纠错本中的教师评价情况。

本次调查摘录了大量教师书面评价的内容，现就其中具有代表性的内容进行实录分析。

A."答案抄完，主动来订正。""重写！""题目抄错！""题目要抄完整！""过程！""再订正，多想。"

这种类型的教师评价句式极短，以毋庸置疑的命令式语气针对学生的问题进行批评指正。由于缺乏情感，很难激发学生修改错误的积极性；又因为内容的相对简单，学生不易把握纠错本的意义及操作要点，更谈不上对学生健康的纠错心态的培养。

B."你错的原因，为什么没有写呢？""就是把所考的有关知识点写出来。""把试卷名称写好，认真对待错题，加油！""知识一定要弄清，别怕烦，加油！""在原因里一定要写清知识点，在审题方面努力。""不要写得太紧，不利于以后复习，加油！""数学要思考，相信你会喜欢思考的。"

这种类型的教师评价力避生硬的训导口气，既有提醒建议，也有激励。教师借助评语，针对不同学生的不同问题给予点拨和引导，尤其关注学生纠错方法的选用和纠错习惯的养成。例如,"在原因里一定要写清知识点"等。学生也可以从中感受到教师对他的关爱和希望,从而改正不良倾向,培育良好的习惯,体验学习的快乐。

(2)教师层面对"纠错本"的应用。

①错误原因分析。反思教师教学设计、教学过程中的缺陷与不足;诊断学生的知识基础、学习习惯、思维品质等方面的问题。

②教学调整。针对自己的教学设计、教学过程中的不足,有计划地调整教师自身的缺陷;针对学生在错题上暴露出的问题,设计有针对性的教学,弥补学生的短处。

③改进评价。评价形式新颖多变,如等级评定:不及格,指出存在的问题;及格,指出需要改进的地方;良好,指出需要完善的地方;优秀,指出值得别人称赞的地方。又如专项评定:字迹端正的"整洁标兵",解题完善的"做题能手",分析错因细致入微的"错因卫士",反思总结一针见血、豁然开朗的"反思健将"。

(3)学生层面对"纠错本"的应用。

①自我认识:了解自身在数学学习上的缺陷。

②自我提高:利用记错本改进缺陷,做到有针对性地解决数学问题。

2.利用"纠错本"帮助学生培养自信,形成习惯,提高成绩。

纠错本的使用对于以后的复习和考前冲刺都会起到很大的作用。

(1)通过跟踪式剖析彻底纠正曾经的"弯路"。

纠错本上记录的都是学生曾经走过的"弯路"。事发时,学生们对错误的分析应该是比较深刻的。但随着相关知识的学习,学生可能对此知识又有更深的认识。所以,每记录一个错误,我都让学生留下一些空白,不断地写下自己对相关知识的新认识,进行跟踪式剖析,多次触碰错误,揣摩知识点,前勾后连,仔细辨析,就能及时警示自己禁闯红灯。另外,我还规定学生对纠错本要做到"三看",即每天晚上做作业前看一遍、每周周六做周小结时看一遍、每月月考前看一遍。这样一来，对错误就能真正认识到骨子里，就会在考试时避免再犯。

（2）让纠错本成为全班的"财富"。

翻看学生的纠错本，我发现学生记录的错误有许多是有共同之处的，但在对问题剖析的深度和广度及分析的角度上有较大差别，如何才能让学生都能全面地了解问题所在呢？我采取的办法是让纠错本"漂流"，让每一个出错的学生都能在班内找到"知音"，都能找到纠错的"战友"。他们共同找错因、论是非、争对错、说根据，理越辩越明。这样一来，错误就变成了走向正确的另类"资源"，变成大家共同进步的阶梯，变成全班学生的知识财富。

（3）让纠错本成为"特殊的作业"。

在纠错本的使用上，这学期我又赋予它特殊的使命，那就是给"错误"找兄弟姐妹。每周周末，我都要布置一个特殊的作业：翻看纠错本，为每一处错误寻找同类题三道并进行解答，用做同类题的方法来纠正错误。这个做法非常有效，因为学生完成了由"苦的体验""艰难的尝试"到"走向成功"的过程，经历了由感性到理性的记忆过程。

（4）让纠错本成为另一种"课堂笔记"。

在实际应用纠错本的过程中，我发现有的学生在错题的旁边记录了不少教师或别的同学分析的难懂的知识点、易错点、易混点，还有的同学把通过教师、同学点拨才理解的东西、课堂上同类题目重要的解题方法、规律性的东西等一一记录在旁边。受此启发，我让学生在错题边上写"规律"、找思路。这样一引导，学生的纠错本俨然成为另一种学生自己思考整理后的"课堂笔记"。我在鼓励他们这样做的同时，还指导他们如何去归类，找规律，总结打破常规思路的解题技巧，整理解题思路等。没想到，来自学生纠错本的灵感又为学生的纠错开辟了一片新天地。在一次抽查中，我发现八（2）班的李欣同学纠错本上的一个错误竟引发他梳理了近三页纸的对知识点的剖析和对解题规律的深度思考。光错题的解答方法他就找到三种，让我很是欣喜。

纠错本的使用，使得小学阶段对数学学习失去信心的学生重新找回自信，使他们开始喜欢上数学，如九（2）班的张守贺、九（1）的张兴哲等；使学生形成了良好的学习习惯，有助于他们提高学习成绩，由原来的一般水平变成现在的数学学习尖子，如九（1）班的田宇、高宇，九（2）班的卢晓丹、崔凯、刘嘉琦、金旭、贺增瑞等，并且在"数学周报杯"竞赛中取得了好成绩。

下面看看在中考前夕学生是怎么说的：

"使用纠错本是一种非常好的学习方法，这是我上初三以来回回都考第一的制胜法宝！"（卢小丹）

"使用纠错本并不是什么秘密武器！在我们班，几乎所有的同学都有这样的习惯。"（屈原原）

"我的纠错本包括自己平时易错的题目，还有老师介绍的一些打破常规思路的解题技巧。一般错题集，我至少会整理三遍。每一遍都会删掉一些已经会了的或相对不重要的题目，整理的过程就是记忆的过程。"（张守贺）

"纠错本对我还是蛮有效的。在临近中考的复习阶段，我很少去做题，主要消化纠错本。这个方法适用于所有的同学。"（崔凯）

五、对研究结果的反思

通过研究，我们认为，为了有效使用初中数学纠错本，应该做好以下几个方面的工作：

1. 纠错本的建立。

首先是纠错本的大小选择，教师应做统一要求，活页最佳，方便考前分类复习。其次是纠错本的设计，将纠错本的每一页设计成两栏，一栏用作收集错题，另一栏用作纠错。用不同的颜色注明为佳。这里的分栏是有目的的，这样做实际是为自己"量身定做"的一套试卷，在后续的复习中是很有针对性的。每次都要注明错题的来源或出处及时间，如果是试卷，要注明本次测试的成绩，可以让自己弄清楚哪一块还存在问题，在总复习时，要在哪几块多下功夫。

2. 纠错本的管理。

每天记入纠错本的可以是练习或试卷中的错题、"潜错题"（结果没有错，但在做题过程中有点犹豫、有点迟疑、有点拿不准的题目）、好题（平时要注意好题的积累）、有多种解法的题目，或是一时想不到更好方法的题目。

教师提醒学生在纠错栏中添加注释：分析自己在解题时的思维过程和思维障碍产生的原因及根源；用红笔注明错误的归类——知识遗漏、思维定势、审题不清、答题不规范还是心态问题。知识疏漏造成的错误，要针对错误找到相应的知识要点写进纠错一栏中，要注明错误的原因：是由于"遗忘"还是"知识结构不完整"。这样在管理纠错本时可以更直观些，而且能引起重视，以免下次再发生类似的错误。

3. 纠错本的使用。

（1）纠错本循环利用的方式。

方式一：学生合作（学生出卷，学生批改）。每周一次，大约30分钟的时间，进行错题大盘点，检验自己对错题的掌握情况。可以为学生准备一张白纸，同桌两人为一组，在对方的纠错本抽抄5道对方的错题，然后交给对方解答。等对方完成后，批阅对方的解答（可参阅对方错题集锦本里的正解），向对方反馈解题的情况，评出成绩，订正完成后上交给教师。教师最后了解学生掌握的情况，并强调对再次做错的题要做上记号。

方式二：师生合作（教师出卷，学生测验，教师批改）。教师从学生的纠错本中搜集学生有代表性的错题出一份卷子（题量适中），周五进行检测，当天订正完成。

（2）经常阅读，学会在纠错本中"淘金"。

纠错本的建立是基础，但只有正确运用好纠错本，才能收到事半功倍的效果。在空闲时间或准备下一次考试时，学生要经常拿出纠错本浏览一下，折去纠错一栏，对着错题栏再做一遍，这样就会使纠错本真正发挥出最大效果。

（3）相互切磋，从同伴那里吸取教训。

每位学生的基础不同，因此所建立的纠错本也不同，同学之间在课外要多多交流和切磋，从别的同学的错误中吸取教训，得到启发，以此警示自己不犯同样的错误，从而提高解题的准确性。交流和切磋，可以增进同学之间的感情，也可以互相提醒、互相借鉴、共同提高。

对纠错本使用的研究，让我感觉到教育无小事，细节决定成败。"天空收容每一片云彩，不论其美丑，故天空广阔无比。"犯错误是学生的权利，"吃一堑，长一智"。我认为，教师要巧借学生的"错误"，寻找教学创新点，让纠错本成为学生知识的"背囊"，提高学习效率。

二、什么是文献研究法

什么是文献？文献是指记录知识的一切载体，如学生的作品、日记、作业、试卷、作文、书信、短信、自传、绘画、工艺作品、磁盘、光盘及其他音像视听资料等。

什么是文献研究法？所谓文献研究法，是指根据一定的研究目的或课题需要，通过查阅文献来获得相关资料，全面地、正确地了解所要研究的问题，找出事物的本质属性，从中总结发现教学规律的一种研究方法。例如，有的教师通过学生的作业来研究学生的学习习惯问题；有的教师通过试卷分析来研究学生的审题问题；有的教师通过日记来研究学生追星的问题；有的教师通过课桌文化来研究当代学生的心理问题、中学生毕业赠言问题、中学生流行语问题等。

文献研究法，一是可以超越时空的限制，使研究者对不能亲自接近，不能以其他方法进行研究的对象做研究；二是由于不直接接触研究对象，接触的仅仅是有关研究对象的文献，因此不会产生研究的"干扰效应"。但是，这种方法也有缺点：一是研究过程容易带有研究者的个人倾向性；二是文献保存的有选择性常常使得研究对象的范围具有很大的局限性；三是信息的有限性，这是指由于研究者缺乏相关的体验、知识，使得许多文献反映出来的信息对研究者来讲是有限的和不充分的。

三、怎样用好文献研究法

（一）文献研究法的研究内容

文献研究法的研究内容很广泛，这里列举一二。

1. 研究学生日记。

日记最能反映学生的心声，把日记作为研究文本，可以发现很多问题。请看林青霞老师于学生日记中的发现与感悟：

批改一则学生日记，发现了这样一组打分：

清晨，教师站在教室门口，眼睛含笑	+2 分
晨会表扬同学时诚恳真挚	+2 分
课堂上耐心启发后进生	+3 分
课余关心××（他父母离异）	+3 分
午睡时为同学们关好门窗	+2 分
讲试题时发火一次	−3 分
走廊内同学问好时教师神情冷淡	−3 分
同学们反映作业太多时教师不予理睬	−2 分

加加减减，教师今天爱我们得 4 分。

初看这组打分时，不禁为学生幽默的加减运算感到好笑。然而，笑还挂在嘴角，我却陷入了深思：自古教师给学生的品行、成绩打分，而教师的教书、育人，尤其不易被量化的"爱"，在学生眼中究竟能打几分？

细心的教师能从学生日记中了解自己在学生中的位置，这是一个很好的办法。教师在应进行行动研究时，可以配合使用文献研究法。比如，进行某种教学方式和学习方式的研究后，效果如何可以通过学生的日记、作业、作文、墙报或黑板报等文献反映出来。对这些东西进行细心阅读和认真研究，就能从中发现和总结出很多有价值的东西。

2. 研究学生试卷。比如某校三（1）班期末考试的试卷分析表（见下页）。

3. 研究课桌文化。

在小学里，你会发现很多课桌上有一道刺眼的白线，这是同桌的天然屏障，美其名曰"三八线"。这一文化现象不知从哪一代起就有了，现在仍代代相传，显示了极强的生命力。

到了中学，课桌上多了些层层叠叠、密密麻麻的字，比如"考考考，老师的法宝；分分分，学生的命根"这一反映中学生厌考心理的校园顺口溜，就经常出现在课桌上。

"不要让自己埋没自己。"这不知是哪位"名人"留下的。但从中可见此人竞争意识、自主气魄之强。当然，其中还有些不伦不类的小诗，还有一串串见头不见尾的演算数字，更有那发人深省的警句格言，使你目不暇接。

除了文字，还有各色各样的图案，更多的是颇具讽刺意味的漫画。有些课实在无聊或教师的水平不尽如人意，为不使自己打瞌睡，学生便发挥自己的特长开始即兴挥毫作画，把教师的"个性、特点"刻画得淋漓尽致，看后让人寻味良久。

有人认为，课桌文化是校园文化的一个组成部分，是学生生活的一面镜子，是学生心理的传真，从中可以看到学生的喜怒哀乐，可窥见当地的人世风情。当然，乱涂乱画毕竟不是好习惯，课桌文化实在提倡不得。

所以，以课桌文化为研究内容也是很有价值的，而且很有趣。

（二）文献研究法的使用步骤

文献研究法的一般过程包括四个基本环节，分别是：确定研究主题—设计研究计划—搜集文献—整理文献与撰写研究报告。

1. 确定研究主题。文献研究法的运用与其他方法一样，首先是确定你所

人数	班级原有45人，参加考试44人，1人请病假。										
考试范围	全面考查第第五册课本的教学内容（适当联系第三、四册的内容）。考查的重点是乘数两、三位数的乘法和两步应用题（包括平均数应用题）。基本题占80%，包括第五册课本的大部分知识，综合题占20%。										
成绩统计	平均成绩	100	99—90	89—80	79—70	69—60	59—50	49—40	39—30	29以下	后进生情况
	*	*	*	*	*	*	*	*	*	*	王××32分 李××43分 张××48分 刘××52分
错题情况	1. 多位读法，错误率达35%。 2. 计量单位的换算聚合模糊，错的错算率达42%，如2吨等于2000斤。 3. 计量单位错误率达50（　），这道题，很多学生填"斤"、"两"，错误率达75%。 4. 应用题错误率高，主要是题意不理解，尤其第3题，错误率高达65%。 5. 珠算加减法占15分，错误率达60%。 6. 属于口算不熟练的计算错误也很多，有些应用题列式对但计算错了。										
问题分析	1. 我刚接班，没有了解学生的知识基础，教学针对性不强，要求偏高。 2. 本学期教学内容多，为了赶进度，没有及时巩固，学生学得半生不熟，回生的现象严重。 3. 关键问题是教师课上讲得多，作业留在课后做，造成学生作业潦草，错误率高，后进生提高不快，不及格学生增加一个。 4. 虽然也重视后进生的辅导，但批评指责多，积极鼓励少。因此，后进生提高不快，不及格学生增加一个。										
改进措施	1. 根据学生的知识缺陷，适当布置有针对性的作业，建立学生学习的"知识档案"。 2. 下学期重点抓课堂教学结构改革，要求在课堂完成大部分作业，尽可能在课内帮助他们解决当天作业的困难。在寒假里，组织互帮互学，安排一个优秀学生良好的作业习惯，对不良好的作业提出严格要求。 3. 做好对后进生的辅导工作。实施"课内补课"的办法。下学期初，全面调查学生的知识基础，建立学生学习的"知识档案"。 4. 重视培养学生良好的作业习惯，对不良好的作业提出严格要求。 5. 认真备课，采用"以新带旧"的办法，有计划地复习旧知识。										

要研究的内容和主题，即先问自己：我想研究什么？目标是什么？主题是什么？而后，才能围绕所要研究的目标主题去搜集查找文献资料。当然，也可能一开始自己的研究目标和主题不是很清晰，而是边搜集整理文献资料边构思，而后确定研究中心和主题。

2. 设计研究计划。为了少走弯路，必要时可以制订一个研究计划，即对研究过程从时间、内容、步骤等方面进行设想。

3. 搜集文献资料。

（1）文献检索。首先，要充分利用报刊目录、文摘、年鉴及百科全书等资料，检索列出有一定参考价值的文献目录清单。

（2）文献收集。收集文献是重要而艰苦的工作，通过对文献的浏览、精读和收录（可充分利用现代化手段进行收录），形成文献的提纲、摘录和摘要，能形成文献卡片资料更好。

（3）文献鉴别。要注重文献的出处和价值，去伪存真，防止以讹传讹。

（4）文献的研究与运用。可运用历史法、因果法、比较法、辩证法等方法，对文献进行定性分析和定量统计，反复思考，从而得出规律性的认识，写出研究报告。

4. 整理文献与撰写研究报告。这是重要环节。要想从收集到的大量文献中提取有用的情报资料，就必须对文献进行一番去粗取精、去伪存真、由表及里的加工工作。主要包括：剔除假材料，去掉相互重复、陈旧、过时的资料；基于研究任务评价资料的适用性，保留那些能正确、全面、完整、深刻地阐明所要研究的问题的一切有关资料，最后写出研究报告。

第十章

如何做调查研究

没有调查,就没有发言权。正如毛泽东主席所说的:"调查就像'十月怀胎',解决问题就像'一朝分娩'。"运用调查研究法开展教育科研,也是一种常见的做法。

一、做点调查研究

条条大路通罗马,教师做研究的方法是多种多样的。如果你觉得某种方法不尽如人意时不妨做点调查研究,这也许会让你有种"柳暗花明又一村"的感觉。我们不妨去看看仲丽娟老师的研究故事:

2002年5月,我上了一节颇受好评的区级公开课。课后,我把磨课过程原原本本记录下来,写出了一篇有点像"研究成果"的文章——《信息技术应用于英语课堂教学的有效性研究》。第一稿完全是经验总结,在描写的基础上,我武断地得出结论，"这是一堂有效的课"，并洋洋自得地拿给上海市闵行中学的董利老师看。董老师写下了几百字的评价，其中一句建议让我感到被击中了要害——"说一节课有效需要用数据说话"。于是，我学着设计问卷，先了解学生英语学习的现状，再通过信息技术与课堂教学的结合，换一个班重新上课。课一结束，立即进行问卷调查，对比前测和后测数据，得出确实有效的结论。可以说，我的研究之路上的第一位师父是董老师，他使我明白了问卷调查（研究方法）的重要性。

2003年，我获得了一个赴澳大利亚学习英语教学法的机会。对此，我非常珍惜。在澳大利亚，我的房东是维多利亚州一所高中的外语教研组长。每天晚上，我都向房东详细询问中学生的外语学习情况，并一一记录下来。为了实地调研，我从教师的"教"和学生的"学"两方面编制问卷，到房东所在中学了解外语教与学的状况，并实地听了德语课和法语课。回国后，我写成了《对澳大利亚维多利亚州外语教学的调查》，发表于《外国中小学教育》2004年第12期。后来，我取得了"对外汉语教师资格证书"。双休日，我在上海交通大学教外国人学汉语，由此进一步体会到"第二语言习得"的共通性，写成文章，发表于《外国中小学教育》2007年第6期。此时，我已经能熟练应用问卷调查法了。

从仲丽娟老师的研究体会中可以看出，调查研究法是一种不错的研究方法。

二、什么是调查研究法

所谓调查研究法，是指调查者通过访谈、开座谈会、问卷、测验等手段，有计划地广泛了解（包括口头的或书面的、直接的或间接的）、掌握有关教育实践的历史、现状和发展趋势，或有关的成果和经验、问题和教训，并在大量掌握材料的基础上，进行分析综合，得出科学的结论，以指导今后的教育实践活动的一种方法。如上面仲老师为了印证和说明信息技术应用于英语课堂教学的效果进行问卷调查，对比前测和后测数据，得出确实有效的结论。这就是调查研究法。

（一）教育调查法的特点

1. 基本上不受时间和空间的条件限制，能有效研究某一教育问题。如下面这些问题：

（1）关于中学生不健康上网问题的调查研究。

（2）关于农村中学生课余生活的调查研究。

（3）关于小学生学习习惯的调查研究。

（4）关于中学生课外阅读情况的调查研究。

（5）关于中学生早恋的调查及研究。

（6）关于单亲家庭子女教育问题的调查研究。

……

2. 可以通过多种手段收集材料。采用调查法，收集资料的手段多、速度快，涉及人数和问题的范围很广。它可以通过访问、座谈、问卷、测验等多种手段，向熟悉研究对象的第三者或当事人了解情况；也可以通过测验、收集书面材料等途径了解情况，掌握教育现状。

3. 主要通过考察现状收集资料进行研究，而不是像实验研究法那样通过控制实验因素进行研究，所以调查研究法比较简便易行。

4. 采用调查研究法，可以对客观的教育现象（或现实）进行描述和解释。教育作为一种社会现象，是复杂多变的。要研究它，就得进行调查研究，变复杂为有序、变模糊为清晰，在头脑里形成一个整体概况，以便进行正确的评价与判断。

（二）教育调查法的分类

1. 根据调查目的分类。

（1）现状研究。主要研究某一种教育现象或对象的目前状况和基本特征，这也是学校科研中的主要研究类型。如有人对300名中小学教师进行调查，结果显示：认真看过课程标准的占45%；认真研究过课程标准的占10.1%；知道相关课程设计要素的占4.8%。这就是典型的现状研究。

（2）发展研究。主要是指对某一种教育现象或某一类学生的某一特征如何随时间的推移而变化所进行的调查研究，随调查对象的发展变化不断追踪调查。如选择一些中小学的学困生进行多年的追踪调查，就可以从中发现一些变化规律，研究出某种可行的教育转化措施。

（3）区别研究。一是因果关系比较研究，如研究中年级学生成绩分化的原因，可以分别对成绩持续上升的学生和成绩急剧下降的学生进行调查，加以比较，看两者在学习方法、时间安排、学习态度等方面有哪些不同，这些不同点可能就是分化的原因。二是相关研究，如研究学生收看电视的时间与视力之间的关系，可以选定一组学生，分别调查他们在某一段时间内看电视的时间量与视力的变化量，然后通过计算相关系数来确定两者之间的关系。

2.根据调查范围分类。

（1）综合调查。调查事项多的为综合调查，或称一般性调查。例如，"某省、市教育情况的调查"涉及全省、市教育各个方面的问题，包括学前教育、普通中小学教育、高等教育、师范教育、职业教育、业余教育、社会教育等各个领域；"初中生学习状况的调查"涉及学习内容、学习时间、学习方法、学校学习、家庭学习等各个方面的问题。

（2）专题调查。调查的事项少，一般仅就某地区教育的某个方向的问题进行调查。例如，某市学校教科室建设的调查、某市师资配备情况的调查、某市新课程改革的调查、某市中小学教师心理健康状况的调查、初中生"早恋"的调查等。

3.依据调查对象分类。

（1）全面调查。即普查，对调查对象全部加以调查，其优点在于可以了解整体情况，缺点是往往要花很大的人力、物力。

（2）抽样调查。即从被调查对象的全体范围（总体）中抽取一部分有代表性的对象进行调查，并根据样本结果来推测，估计总体情况的调查。这种调查的价值关键在于样本能否代表总体，绝不能按调查者的主观意向和需求来决定对象的抽取与否。

（3）典型调查。即从研究对象的总体中确定具有代表性的对象作为典型，对其进行调查并用其结果来概括其全体的一种调查方法，有时也称为"蹲点""解剖麻雀"。其优点是：调查方法灵活多样；容易组织又不需要太多的人力和财力；有可能对典型进行全面深入的考察，从而获得富有代表性的调查结果。其局限性是结论不能轻率地推论到总体上去。

4. 依据调查方式分类。

（1）问卷调查。这是设计一些恰当的问题让对象回答的一种搜集材料的方法。

（2）谈话式调查。这是直接找调查对象进行面对面谈话并从中搜集材料的方法。

（3）文献调查。这是通过翻阅学生的作业、日记等有关资料进行调查从而搜集材料的方法。

三、怎样用好调查研究法

教育调查法是一种有目的、有计划，并采取科学手段进行的系统的研究活动。这些活动既相互独立，又彼此联系、相互作用。要用好教育调查法，必须遵循以下操作程序：

（一）确定课题，制订计划

调查实践证明，调查工作成功与否，在很大程度上取决于调查之前的准备工作是否完善。因此，无论是个人还是集体，都要在调查之前认真地做好准备工作。

1. 确定调查课题。调查课题可大可小，但无论大小，都必须遵循目的性原则，即事前要明确规定本次调查要达到什么目的，回答和解决什么问题；要遵循价值性原则，即任何调查课题都应以是否能丰富和发展教育科学理论、解决实际问题为原则，要考虑调查课题的科学价值和实际意义；要遵循量力性原则，即调查课题和调查范围的大小要视参加调查的人力、物力条件而定。在一般情况下，课题不宜太大，既要看需要，也要看可能。如一位教师为了解和掌握小学生在学习作文过程中的心理状况，从而寻找改革小学作文教学的有效措施，确定了"小学生作文心理调查研究"这一课题进行研究，就有实际意义。

2. 选取调查对象。调查对象就是被调查的单位或个人。调查资料主要来源于调查对象，所以，调查对象的选择是否恰当，将直接影响调查结果。不同的调查课题和目的要用不同的方法去选取调查对象。如某特级教师先进教学经验的调查，其对象固定则不必选择；如调查对象很多，就要用抽样的方法选取。

3. 确定调查方法。要根据调查课题所需的材料，合理选择最佳的调查手段与调查方法，如谈话法、问卷法等。

4. 拟定调查提纲。调查提纲是调查的具体项目，是搜集资料的依据，实际上也是调查报告的梗概。因此，其内容必须符合调查课题的需要。拟定提纲以后，还要根据调查提纲的要求，设计必要的调查表、问卷和测验题目等。

（二）实施调查，搜集资料

搜集资料是教育调查过程中关键的一步。资料有两类：一是计划、总结、教案、作业等书面资料；二是来自调查对象的口述资料。资料搜集要力求全面系统，注意典型性、客观性和真实性。

调查的方法多种多样，主要的有以下几种：

1. 问卷调查法。

问卷调查法是根据调查研究的目的，拟定一些问题或分发印好的问题表格，让被调查对象书面回答，然后回收整理进行研究的一种方法。下面就是两份问卷调查表。

尊敬的老师：

你听过这节课后，请实事求是地对表中各项作出判断和选择（选项打"√"号）。

问　题	选　项
1. 你对这节课的整体感觉如何？	A. 好 B. 良好 C. 一般 D. 差
2. 你认为这节课的引入是否恰当？	A. 恰当 B. 不恰当 C. 一般
3. 你认为这节课的目标实现了没有？	A. 实现 B. 部分实现 C. 未实现
4. 你认为这节课学生是否在教师引导下主动地学习？	A. 是 B. 不是 C. 不够充分
5. 你认为教师是否注意了学生的差异？	A. 注意了 B. 不够充分 C. 未予重视
6. 你认为这节课的巩固练习是否落实到位了？	A. 落实到位 B. 未落实到位 C. 一般

小学生调查问卷

学校_____　性别_____　年级_____

同学，你好！我们想了解你的学习情况。左边是选项描述，右边是你对这个选项的想法。请在符合你的情况的□里面打"√"。这项调查是不记名的，对你本人不会产生任何影响。

选　项	总是这样	通常这样	有时这样	通常不这样	从不这样
1. 我喜欢上学。	□	□	□	□	□
2. 我喜欢课本。	□	□	□	□	□
3. 我经常在上课时提问题。	□	□	□	□	□
4. 当我回答有错时，老师仍然鼓励我。	□	□	□	□	□
5. 老师经常帮助我解决学习中的困难。	□	□	□	□	□
6. 我知道我在班上的排名。	□	□	□	□	□
7. 我愿意上课。	□	□	□	□	□
8. 上课时，我常有动手操作的机会。	□	□	□	□	□
9. 上课时，我经常和同学一起讨论。	□	□	□	□	□
10. 我觉得每天留的作业很多。	□	□	□	□	□
11. 我周末至少参加一个课外辅导班。	□	□	□	□	□
12. 我觉得学习很累。	□	□	□	□	□
13. 如果我的表现不好，老师就会训斥我。	□	□	□	□	□
14. 我每天的学习时间很长。	□	□	□	□	□
15. 学校里有多种多样的课外活动。	□	□	□	□	□

最后，对于在学校的学习，你有什么话要说？请写下来。（不会的字可以用拼音）

回答完毕，谢谢！

2. 访问调查法。

访问调查法是一种与调查对象面对面谈话，直接了解情况、搜集材料的方法。最简单的个别访问是严格按照问卷或调查提纲进行一问一答式的谈话。有时，为了不使访谈者的语言影响被访者的回答，需要明确规定访谈者说话的内容，或只要求照题宣读，不要作任何解释。有时，也可采取较为开放的形式，访谈者提出一个范围较大的中心问题，由被访者回答，访谈者再根据回答的情况和调查需要进行追问。

3. 座谈会调查法。

座谈会调查法是一种依据事先准备好的调查提纲，召开座谈会，向到会者提出问题，展开讨论，借以获取资料的方法。开调查会时，调查者与被调查者可以直接对话、共同探讨、互相启发、相互核实，使所取得的资料符合实际。参加调查会的人数要适当，一般以七八个为宜。出席调查会的对象应有一定的代表性，善于发表自己的意见。但不宜把观点对立或关系十分紧张的双方安排在同一个调查会上。调查会必须作详细记录，同时标明会议的时间、地点、出席人、主持人和记录人。

（三）科学分析，整理资料

对搜集得来的资料必须加以整理分析，使之系统化和条理化，以便弄清材料之间的关系，从而找出存在的问题，并提出解决问题的措施。整理资料的方法通常按资料性质分为两大类：叙述类材料要用明白流畅的文字加以整理；数据类材料要用统计法、列表法和图示法等加以整理。

（四）撰写调查研究报告

调查材料整理结束后，对于所调查的事实应当加以分析，探寻其优点和缺点及原因所在，解释清楚，下结论，然后提出改进的意见或措施。下结论是综述现在的实际情况，提建议是筹划将来的发展。

调查报告是另一种形式的研究报告，属于较高层次的科研论文。学校中的调查报告，是作者在对学校的情况、问题或事件进行调查研究的基础上，所撰写的描述事件面貌、揭示事件本质和探讨教育规律的书面报告。

小学五年级学生粗心马虎问题的成因与对策的研究

辽宁省新民市三道岗子学校　王艳莉

一、问题的提出

粗心是学生的通病，经常有家长向我请教：怎样克服孩子粗心的毛病？针对这些情况，我想摸索出一些克服学生粗心毛病的策略。我觉得，这也是提高教师教学质量和学生学习质量的重要方面。所以，促使学生养成良好的学习习惯就显得尤为重要。从我校五年级学生的现状来看，粗心马虎问题是亟待解决的问题。所以，作为教师，有必要对学生产生粗心马虎的原因进行深入细致的研究，帮助学生找出克服这一毛病的途径和方法，促使学生养成认真仔细的良好学习习惯，从而实现数学学习成绩的大幅提高。为全面了解本班学生出现粗心马虎现象的具体原因，我从2007年12月中旬起，开展了"小学五年级学生粗心马虎问题的成因与对策"的专题研究。通过调查问卷，获得了较为翔实的第一手材料，初步掌握了本班学生出现粗心马虎现象的具体原因，并根据实际情况进行了专题分析，提出了发挥教师主导作用、引领少年儿童快乐成长的相关对策。

二、问卷调查情况

本次问卷调查结合五年级学生的实际情况，从"学生自身""教师影响"及"家庭影响"三个维度入手，设计了15个问题，旨在了解本班学生粗心马虎问题的基本现状。调查对象是本班全体学生（47名）。调查活动共发出问卷47份，收回问卷47份，有效问卷47份，问卷的回收率100%，问卷的有效率100%。我根据回收的有效问卷，以及对个别学生和家长的访问记录，采用了科学的定量分析手段，进行了数据统计和研究，并在此基础上形成了调查报告。

为弄清本班学生是否存在粗心马虎的心理问题以及问题存在的广度和深度，

我设计了三个问题，调查的具体情况如下：

问　题	选　项		
1. 练习时，你经常抄错题吗？	A. 没有 2.13%	B. 偶尔 89.36%	C. 经常 8.51%
2. 期中考试中，你做错的题目中有多少是因为马虎粗心造成的？	A. 没有 6.38%	B. 一半 76.60%	C. 一半以上 17.02%
3. 你的作业中经常出现错误吗？	A. 没有 0	B. 偶尔 87.23%	C. 经常 12.77%

从上面的数据中，我们很容易看出，我所执教的这个班学生中确实较为普遍地存在着粗心马虎的现象，有8.51%的学生在做数学练习时经常抄错题，而仅有2.13%的学生从未抄错题，有17.02%的学生在期中考试时出现的错题大都是因为粗心马虎造成的。他们的作业中更是由于粗心马虎而经常出现错误。

三、原因分析

现在，可以肯定地说，我班学生在学习数学知识的过程中存在着较为严重的粗心马虎现象是毋庸置疑的事实。那么，究竟是什么原因导致了这种现象的产生呢？我认为，主要有以下几点：

1. 学生自身态度、习惯及身心健康状况是学生产生粗心马虎现象的重要内因。

（1）没有正确的学习态度。

问　题	选　项		
1. 你想好长大后做什么工作了吗？	A. 想好了 38.30%	B. 没想过 23.40%	C. 想了很多 38.30%
2. 你喜欢写作业吗？	A. 喜欢 57.45%	B. 不喜欢 10.64%	C. 没感觉 31.91%
3. 你对自己的考试成绩在意吗？	A. 在意 61.70%	B. 一般 27.66%	C. 不在意 10.64%

从上表中很容易看出，我班学生仅有38.30%的学生为自己的将来树立了明

确的目标，61.70%的学生对自己的未来没有一个较为明确的设想；对于自己作为小学生所必须完成的作业，超过40%的学生没感觉或不喜欢；对于自己的学习成绩，有67.10%的学生表示在意，有10.64%的学生对自己的成绩毫不在意。可以肯定，没有正确的学习态度是造成我班学生粗心马虎的一个重要原因。

（2）不良的生活学习习惯。

粗心是一种不良习惯，有的学生缺乏学习热情、用心不专、学习计划性差，往往和平时生活懒散、杂乱无章、得过且过的不良习惯密切相关。

问题	选项		
1. 你的作业工整吗？	A. 很工整 4.26%	B. 一般 57.45%	C. 不工整 38.30%
2. 你每天都看电视吗？	A. 每天都看 34.04%	B. 偶尔 53.19%	C. 从不看 12.77%

从这个表中可以看到，我班学生在来到新学校前，仅仅有4.26%的学生作业很工整，有高达38.30%的学生作业不工整。试想，有着如此作业习惯的学生，他们的学习效果怎么能尽如人意呢？我们还可以看到，全班有高达34.04%的学生每天都看电视，而仅有12.77%的学生从不看电视。我们大可先不去考虑电视节目内容对他们的影响，也不去考证仅有的12.77%的学生是如何做到不去看电视的，单从电视节目的视觉效果，就可以知道看电视对于学生视觉的刺激所带来的巨大影响。由于看电视，学生的眼睛长时间处于那种跳跃的信息的刺激之下，势必影响书本上那些静态信息对他们的刺激。从部分特别粗心马虎的学生的反馈中也可以得知，他们的马虎不仅表现在学习上，在生活中也经常丢三落四，常常忘记带作业啦、忘记带帽子啦、把饭盒落在学校啦……由此可以判断，上面两种不良习惯是造成我班学生粗心马虎的十分重要的原因。

（3）学习责任心的缺乏。

有些粗心的学生对学习缺少责任心，注意力分散。如果考试成绩不理想，有82.98%的学生会表现为很伤心，有14.89%的学生的心情并不受到影响，而

17.02%的学生则对自己的考试成绩并不十分关心。

问　题	选　项		
1.考试成绩不理想,你有什么感受?	A 非常伤心 82.98%	B 没什么感受 14.89%	C 开心 2.13%
2.你很在意考试成绩吗?	A 在意 82.98%	B 一般 17.02%	C 不在意 0

由此可见,对学习缺乏责任心,就会造成注意力分散。在做数学题的时候,他们对比较容易的、简单的问题,会掉以轻心,心理上不重视,麻痹大意,很少认真审题思考。结果,不该错的地方也出现了差错。

（4）基本知识和技能不熟练。

有的学生在作业或考试中会经常出现差错,从表面上看是粗心大意所致,其实只是缺少应有的基础知识和基本技能的训练。大部分学生放学回家后,做完教师规定的作业,就看电视或打游戏,很少积极主动地做练习,这就导致他们对基础知识的掌握不够牢固。

2.家庭教育的影响是使学生产生粗心马虎现象的重要外因。

父母是孩子的第一位老师,家庭教育对学生产生的深远影响将伴随孩子终生,家长对孩子学习的重视程度将直接影响孩子对学习的重视程度。从调查结果来看,学生的不良行为习惯也反映出家长在孩子的教育中存在的误区与弊端。

问　题	选　项		
1.父母经常检查你的作业吗?	A 经常 36.17%	B 偶尔 51.06%	C 从不 12.77%
2.父母经常过问你的成绩吗?	A 经常 74.47%	B 偶尔 25.53%	C 从不 0

调查结果表明,在我的班级有51.06%的家长只是偶尔检查孩子的作业,有12.77%的学生家长从不检查孩子的作业;对于考试成绩,有25.53%的学生家长只是偶尔过问一下。家长这种对于学习并不十分重视的态度,使得学生对待

学习的态度与教师期待的目标之间产生了很大的偏离，导致学生养成了不良的学习习惯。

3. 学校教师的影响是使学生产生粗心马虎现象的主要外因。

绵延数千年的社会发展史告诉我们，人类不可一日无师。教师作为文明的传承者，始终承担着延续文化、传播知识、阐扬科学的光荣任务，起着开启民智、哺育人才、继往开来的重大作用。心理学研究表明：教师对教学工作的认识、情感和行为特征方面的比较持久的倾向和姿态（也就是教学态度）直接影响着学生的知识学习和个性发展。

问　题	选　项		
1. 你觉得作业多吗？	A 不多 63.83%	B 没感觉 21.28%	C 太多了 14.89%
2. 你觉得老师的讲课有吸引力吗？	A 有 68.09%	B 一般 21.28%	C 没有 10.64%
3. 不完成作业，老师会批评你吗？	A 很严厉 59.57%	B 偶尔 40.43%	C 不管 0

从上面的统计表中可以看到，我的学生在以前的村小学习时，63.83%的学生的教师布置作业非常少，不能使学生达到一定的练习强度，基本知识和基本技能得不到强化，在考试或做作业的时候难免因此而出现错误。我们还可以看到，有接近32%的学生认为自己以前的老师讲课没有多大吸引力，或者可以说，这些老师没能很好地备课、上课，学生们自然就不会专心听课，学习效果当然不理想。我们更可以看到，有高达40.43%的教师并没有及时地、严厉地批评不能及时完成作业的学生，这种不负责任的态度助长了那些自制力差的学生的不良习惯。久而久之，学生的学习责任心和良好的学习习惯就不能养成，反而导致粗心马虎的不良习惯的产生。

四、调查结论

调查结果表明，我班大部分学生确实存在严重的粗心马虎现象，这种现象直接影响了我班的数学学习成绩。学生的自身态度、习惯及身心健康状况是学生产生粗心马虎现象的重要内因。家庭教育及学校教师的影响是使学生产生粗心马虎现象的重要外因。

五、应对策略

1.通过课堂教学、课外作业，培养学生认真仔细的良好学习习惯。要求学生专心听讲、书写工整、按时完成作业、勤学好问、热爱思考、认真自学、课前预习、课后复习。引导学生建立错题集，总结出现错误的原因，并在学习中注意克服。

2.通过谈话对学生进行思想教育，端正学生的学习态度。引导学生树立远大理想，确定合理的阶段性学习目标，并为之不懈努力。

3.及时表扬学生的点滴进步，为学生提供展现自我、发扬长处的机会，使学生逐渐建立和增强自信心。

4.开展丰富多彩、生动活泼的课外活动，如班会、队会、征文、手抄报竞赛等活动，提高学生对粗心马虎的重视程度，让学生有意识地尽量避免出现粗心马虎的问题。

5.通过举办计算竞赛、改错题、"一帮一，一对红"、错题诊所、帮同学找错误等课外活动，对学生进行心理训练。

6.中午或课间休息时，鼓励学生把自己的烦恼和教师进行沟通。通过接受学生的心理咨询，对学生进行心理疏导，实现学生心理问题由点到面的转变。

7.建立家校互动联系通道，转变家长的教育观念，优化家庭环境，提高家长教育子女的能力，家校携手，共同培养小学生良好的心理素质。家校应密切配合，通过教师与家长的共同努力，为学生提供优良的学习、成长环境，使学生养成认真仔细的、良好的学习习惯。

简单的事用心做好就不简单，平凡的事用心做好就不平凡。调查研究，教师用心去做好，同样可以做出不简单、不平凡的研究成果。

第十一章 如何做教学法建构研究

梳理建构教学法是教师助推自身专业成长的一个抓手。北京大学附中数学特级教师张思明1999年和2004年,两次获得北京市政府颁发的"基础教育教学成果"一等奖。他的"导学探索、自主解决"教学模式成为传播他教学经验的一个很好的载体。他说:"一种教学理论只有建构起与之相适应的教学模式,才能转化为有效的教学实践。"

一、学会梳理沉淀自己的教学法

一场课程改革,无论怎样轰轰烈烈,最终必须落在教师的课堂上,落在教师的教学法上。改来改去,如果教师的教学法没有改变,这种改革是没有意义的。另外,许多教师教了三十几年的书,上了几千节课,送走了几代人,要问自己的教学模式是什么、教学有什么特点,还是说不清,这是即将走下讲台的教师的遗憾。许昌市古槐街小学李华老师对梳理建构自己的教学法就有很深的体会。

小学语文"分组合作，展示成功"教学法的探索与尝试

许昌市古槐街小学　李华

那是一个初秋，师范院校毕业的我鬼使神差地谢绝了某电台的邀请，来到许昌市古槐街小学做了一名教师，教我最喜欢的语文。

在这所小学，我的第一个岗位是一年级语文教师。对此，专业课成绩全优的我是颇有底气的。真别说，一个月过去了，在我的严格要求下，孩子们课堂上显得服服帖帖，作业做得工工整整，一周下来还能拿到学校的流动红旗，偶尔测验成绩也不错。一切都显得那么顺利，同事称赞我入门快，我也以为自己踏入了教育的门槛。

假如不是一位家长无意中说的一段话，我也许不会发现自己偏离了跑道。那位家长告诉我，自己的女儿在读书的时候，我从身边走过，会把孩子吓得一激灵，唯恐自己哪里做错了，惹我发火。她的话给我提了个醒。经过观察，我发现：很多孩子之所以守规矩，是因为他们害怕我而不是喜欢我的课。他们怕坐得不够端正受老师批评，怕作业不好被发回重做，怕惹老师生气被叫家长……我原想督促他们跑得更快、跳得更高，却把恐惧植入了孩子们心中。这绝不是我想要的！

但是，怎么让孩子们喜欢上我的课堂？我悲哀地发现，我所学过的肤浅的教学法此时不能给我太多的帮助。我为我的贫乏感到惭愧，心中升起从未有过的对学习的渴望。我向书本学，进修从大专到本科的课程；我向专家学，阅读各类专业杂志和教育著作。然而，"纸上得来终觉浅，绝知此事要躬行"，"磨课"成了我最大的"练功场"。

当时的业务校长是个特别严格的人，能连续一星期听我的课。每到评课时总是说"优点大家都知道，就不用说了，就把不足说一说"。接下来我就要迎接

大家劈头盖脸的批评，甚至连站立时手放的位置、板书时拿粉笔的姿势都会被提出来讨论。我的教学就在这不断的打磨中一天天进步着。渐渐地，批评的声音少了，连老校长也经常露出笑脸。

一年过去了，我欣慰地看到，课堂上孩子们的目光不再躲闪、声音不再紧张。就在那一年，我走进区级优质课的赛场，顺利拿到了教师生涯中的第一个优质课奖。这些小小的成绩让我重新拾回了自信。

学习别人的是为了创造自己的。走过了模仿别人的阶段，我渐渐开始了自己的思考。2001年，许昌市魏都区进入新课改，我参加了省级培训，经历了一场场"头脑风暴"。这次培训让我看到了自己的不足：过于追求教学的技巧，忽略了教育的真正意义所在。静下心来，我申请从一年级开始教到六年级，寻找最适合我和学生的那条道路。

一年级的教学重点是拼音和识字，内容枯燥，怎么让一年级孩子爱上语文呢？既然小孩子最爱玩儿，那我就从"玩儿语文"入手。课堂上，我们玩字卡、做字母操、走识字迷宫、摸字母百宝箱、过生字桥……玩儿得不亦乐乎。但我很快就发现，课堂上看似热火朝天，乐是乐了，但一检查就发现有部分孩子纯属"白玩儿"，没有收获。

原因何在呢？经过调查，我发现孩子们接受的学前教育有较大差异，两极分化的现象比较明显。既然如此，我为什么不能利用学前资源为课堂服务呢？经过深思熟虑，我提出了"分组合作，展示成功"的教学方法：先展示，看谁认得多；生教生，比哪组学得快；手拉手，共同"玩儿语文"。课堂一下子变成了学生展示学习本领的舞台，孩子们互帮互学、兴趣高涨，真正实现了趣中有得。

看到效果，我信心大增，又有了新的想法：结合教材，组织孩子们定期围绕一个主题拓展识字。学过《在家里》，我们以"家具"为主题拓展识字；学过《自选商场》，我们围绕"商品"拓展识字……孩子们兴致勃勃地在生活中、阅读中识字，盼着在展示课上夺得"识字大王"的桂冠。一年级下学期，在全市新课改观摩会上，我上了一节名为"展示台"的语文课：我以春天为主题，让孩子们展示自己两周来认识的描写春天的词语，朗读描写春天的句子。还记得，其中一个孩子仅四字词语就认识107个，接近一年级下学期的总识字量。

进入中年级，随着学生学习重心的转移，我也在"分组合作，展示成功"的教学方法上不断进行完善，无数次地在"破"与"立"之间寻求"最佳"，力求让学生享受课堂。有时，我把课堂交给孩子们来辩论、分享、交流、展示，而我自始至终毫不吝啬我的赞美之词；有时，我在易错的地方抛出一个问题引起孩子们的争辩，等大家陷入胶着状态时给某一方悄悄地支一下招儿。孩子们的积极性被调动起来，经常提前自学后面的课程，期待在课堂上与同学分享。

这一轮六年教下来，我们班成了学校的明星班。家长说我们班学生像八哥，能说会道；同事说我们班学生智商高，六年的文化检测，次次年级第一；学校领导说我们班能力强，每次代表学校参加活动都载誉而归。我慢慢把握住了课堂的基本脉搏——它是对学生的亲切款待，是与学生亦教亦学的共舞，是对学生本性保持着的信任和期待。

教学相长，随后区、市、省级乃至全国性公开课接踵而来，我先后讲授了《乌鸦喝水》《她是我的朋友》等20余节优质课、示范课和观摩课，5次代表魏都区参加全国性教学研讨会均获一等奖。我还有幸被遴选为区名师工作室首批导师。工作室里的教师都是我区教育工作的佼佼者，与他们同行，我忽然明白，我过去的日子过于琐碎，我应该向往更高的天空，自己的教学才能不断进入新的境界。

一路走来，未敢停歇。对于我来说，成长就是行走的价值和快乐之所在。即使我最终不能成长为一棵参天大树，我也要以小草的苗壮，为教苑增加一抹春色；即使我最终不能绽放为一株雍容的牡丹，我也要以小花的素颜，为大地增加一缕芬芳！

一分耕耘，一分收获，经过六年的风风雨雨，李华老师探索的"分组合作，展示成功"的教学法终于获得成功。特别要注意的是，李华老师获得的成功首先是教学上的成功，同时她也获得了"分组合作，展示成功"教学法梳理的成功。也就是说，她不仅有了想法和做法，她还有对自己教学成功的说法。由此可见，进行实践研究的同时对教学进行梳理来建构自己的教学法确实是一种很好的科研方法。

天道酬勤亦酬术。上天总是垂青那些既勤奋又有方法的人。两眼一睁，忙到熄灯，值不值？教师要真正搞好教学，不仅要勤奋敬业，还应去研究有效的方法。只要教学思想不滑坡，方法总比困难多。

二、什么是教学法建构研究法

所谓教学法建构研究法，是指教师为实现有效教学，促进学生全面发展，通过梳理自己的教学经验，借鉴、吸纳他者的成功做法，逐渐形成适合自己和所教学生的教学法的一种研究方法。华东师大叶澜教授把常规的教学方法称为小方法，把教学模式称为大方法。

每每提到教学模式，很多人会有异议，认为教学又在搞模式化、教条化。其实不然，教学有"模式"和教学"模式化"是两回事。"教学有法"，说的是教学一定有章法（模式、套路）；"教无定法"，则说的是因教材不同、学生不同、教师不同而不可能有统一固定的模式。所谓"贵在得法"，就是说教学模式一定要根据教材、学生、教师的实际来构建，灵活运用。

要想实现有效教学，教师首先要有自己的相对稳定的教学法，即教学模式。

这里说的教学法是指教师在一定的教学理论的指导下，以简化形式表示的关于教学活动的基本程序和框架。它不仅包括教学的设计理念，还包含着程序、结构、方法、策略等一系列具体操作和实施的内容。教学法是从教学原则、教学内容、教学目标和任务、教学过程直至教学组织形式的整体、系统的操作样式。可见这里所说的教学法，不是指教学中那些讲授法、谈话法、实验法等单一的小方法。

教学有模式，但不能模式化。任何模式都不是僵死的教条。一方面，一种教学模式是在一定的师资、学生、教学资源等教学背景下形成的，它既有普遍意义，也有个性差异；另一方面，一个好的模式应是开放的、发展的、进化的，它需要不断发展、不断完善。所以，学习者不可僵化地、教条地学习，而应结合本人、本校及学生实际去借鉴、移植、嫁接、吸纳。

正如魏书生所说："探索课堂教学方法，确立课堂教学类型，目的是为了提高课堂教学效率。教师不应该非把自己框定在某一种模式里不可，可根据自己与学生的实际确立一种基本模式。基本情况如此，情况有变则变。如果自己眼界比去年开阔了，学生基础比去年坚实了，学习积极性比去年高了，那么课堂教学方法、教学步骤必须随之改变。"这应该是我们面对任何一种教学方法，面对任何一种教学模式所持的科学态度。

关于教学法的梳理：教师梳理建构教学法就是在自己的教学实践经验中，找到教学的规律，即有效的教学方法和策略。教师的教学法绝不是零起点，只要工作了几年，每个教师都会有自己的套路和做法。只不过这些方法还处在沉睡状态，处在感性和朦胧状态，即有想法、做法，没有说法。梳理建构教学法，教师要唤醒自己对教学的认识与经验。

关于教学法的建构：仅有梳理是不够的，既要对自己过去的教学进行反思，还要去学习吸纳先进教育理论和名师的先进教学经验，而后对自己的教学法进行改造或者重建，使自己原有的教学方法从零散走向系统、从肤浅走向深刻、从常规走向科学、从科学走向艺术。要在自己身上找到自己，变教学盲干苦干为巧干，让自己的教学法在相对减轻学生负担的基础上，能够更有效，学生更喜欢。

三、怎样用好教学法建构研究法

条条大路通罗马，教师有效教学法的形成途径也是多方面的，可以从上到下、从外到内学习、借鉴、模仿别人的教学法（即学—仿—创），也可以从下而上、从内到外、从教师自己的课堂中摸索、尝试、总结、提炼出教学法。教学有法，但无定法，贵在得法。教师基于自己的课堂总结出来的方法更有生命力。所以，教师更应该注重对自己课堂教学经验的梳理。

教师要敢于建构教学法。教学法并不神秘，一般有一定教学经验的教师，只要认真总结，并吸纳一定的教学理论，加之取得校领导和教学研究人员的帮助，再经反复修改、升华，就可以建构自己的教学法。

通常可以采取以下步骤：找特点（找到自己的教学优势）—学理论（上升到理论认识）—写模式（用文字对教学步骤、环节进行归纳概括）—练模式（回到课堂进行实践以便检验修改）。

（一）找特点

找特点，首先要在教学中找四最，即自己最得意、最有效、最精彩、最有优势的东西。

著名儿童作家郑渊洁说："每个人都有自己的最佳才能区，除非他是白痴。要拿自己的长处和别人的短处竞争，打得过就打，打不过就跑。"这种见地是耐人寻味的。其实，每个教师都有自己的优势和劣势，如有的教师有表达优势，有的教师有朗读优势，有的教师有表演优势，有的教师有书法优势，有的教师有绘画优势，有的教师有音乐优势，有的教师有年轻优势，有的教师有人缘优势，有的教师有绝活优势……这些都是教师上好课的最好资源，关键是如何去发现、开发和利用它们。

像大多数教师一样，张永芳勤勤恳恳地备课、上课、批改作业，一年又一年。"虽然感觉自己课改的思想比较超前，课堂教学也说得过去，也能经常在县里上公开课、优质课、示范课，但具体有什么特色，自己却说不出来。"

这种现象很普遍。

连续听了张永芳几次课以后,教研室的几位教研员同时发现,课堂上她最出彩的地方就是设问、提问的环节。听教研员们这么一说,张永芳豁然开朗:在课堂教学的导入阶段、探究和应用阶段,自己确实精心构思了一些设疑、提问,一方面激发了学生的学习兴趣,另一方面突出了教学的重难点。于是,张永芳的"三段设疑教学法"诞生了。

找特点,须找一个突破口,从最拿手的方面入手,发现自己的教学长处、教学棱角,再和教师一起研究教学流程和操作系统,总结自己的特色。找特点千万不能赶时髦、摆花架子、盲目追随、生搬硬套,而应该因人而异。

(二)学理论

没有厚积,不可能有薄发;没有深入,不可能有浅出。深厚广博的知识营养,是形成教学法的基础。一个教师教育信息闭塞、知识贫瘠、孤陋寡闻,是不会搞好教学的,更谈不上形成教学法。为什么许多教师在总结、提炼教学法时无话可说?就是因为书读得少,知识积累得少。所以,教师在研究教学法时要注重学习,开拓思路。通常应做好以下这几件事:

1. 看书查阅资料。

查看两种书:一是学习研究什么是教学法,把教学法的概念、与教学方法的关系、教学法的特点、当前有哪些先进教学模式等问题搞清楚。可以找一两个典型的教学模式案例进行重点研究,研究其内容、写作方法格式,以作借鉴、参考。二是学习研究名师的教学经验理论书籍和与教学相关的一些前沿理论书籍,如建构理论、多元智能理论等。

2. 借助理论梳理经验。

对于一个普通教师来说,梳理建构教学法是一件非同小可的事情。在学习理论以后,要和自己过去的教学实践相对照,对自己的教学经验进行梳理思考。要做到三个关注(自我经验、文献资料、课堂实践)、两个反思(经验与理论、教学设计与课堂实践):哪些东西自己想到了,人家也想到了;哪些东西自己没有想到，但人家想到了，学习理解后补进自己的教案；哪些东西自己想到了，但人家没想到，要到课堂上去用一用，看看自己想的是否真有道理，这些可能会成为自己以后的特色。

简言之，在梳理中问自己：我的课堂，哪些是高效的？哪些是有效的？哪些是低效的？哪些是无效的？哪些是负效的？

3. 多请教，勤反思。

在可能的情况下，可以多向有经验的同行、领导和专家请教。储健明老师这样谈自己教学模式的形成："任何成功的教学模式都能很好地把教学目标与教学活动汇聚在一起，体现独特性、操作性、稳定性、有效性的基本特点。在逐步认识和运用教学模式的过程中，围绕课题'语文课堂教学优化'的研究，我多次与省内外、市内外的同行开课研讨。1996年一堂《绿》的教学记忆犹新。那次评课，我和那些专家、学者坐在一起，坦诚的对话于我有莫大的教益。大家充分肯定了我作为语文老师的专业功底，对新课型结构也予以认可，并提出了中肯的建议，诸如教会与学会的区别在哪里、学生的积极参与策略是什么、在什么环节上能一石激起千层浪、如何组织互动教学等。不久，我针对这些问题进行了理论充电，再次反思课堂教学的环节、结构，完成了《科学理序，优化教程——我教〈绿〉》的教后感。文章一经刊出，迅速引起许多语文教师的关注。从此，'引—议—联—结'四环节教学模式得以诞生。这个模式以师生主体理论为基础，采用互动参与为主的教学策略，融合问答激思、讨论辨析等手法，培养学生的互动精神和学习能力。'引'是引言定向，自读感知；'议'则重点研读，展开讨论；'联'即联接延伸，融会读写；'结'为照应全课，总结升华。四环节通过学生自己的积极思维，生成学生自主的意识与行为，贯穿一个'导'字，体现一个'活'字，融知识顺序、认知顺序与情感体验于一体，环环紧扣，层层激思，充满紧张、灵活的智能活动，促进师生的共同进步。"

（三）写模式

总结提炼教学模式，教师一定要重视写。写作是一种媒介，也是一个平台。写能把读书与思考、读书与实践、读书与写作结合起来，相得益彰。写又是记录读书和研究成果的最好方式。有人曾问一位特级教师："你为什么在那么忙的情况下还能做到教学科研两不误，不但书教得好，而且发表那么多论文，获得那么多科研成果？"他说："我受益于多读、多思、多做、多写。读是积累，思是加工，做是实践，写是总结。是读、思、做、写相得益彰，助了我一臂之力。"看来，把学习、工作、研究、写作结合起来，这是一个人快速成长的最佳途径。所以，教师应拿起笔来写东西。

起草撰写教学模式就是用文字对教学环节进行归纳概括。一般说来，一名教师要总结自己的教学模式应从以下几个方面入手。

1.名称（简练、新颖、概括）。

过去有的教师教了几十年学，已经形成了自己的教学套路，但因为没有名字所以推广不出去。总结自己的教学法首先要有个名字，名正才能言顺。名字不要太复杂，复杂了不容易被记住，不便于推广；也不能太简单，太简单则指向性不明确，不知道这种教学法的使用范围。

教学法的名字要简洁好记，要有新意，能反映教学法的实质和特点。如河南省西峡县杨文普等人创立的"三疑三探"教学法，让人一听名字就觉得响亮，能看出教学的大致环节，有新意，不与别人雷同；再如山东省高青县教育局推广的"五步导学法"，也很简洁，从名字上就能看出这种教学法的特点：课堂教学的环节分为五步，课堂教学强调对学生的引导而不是灌输。

2.内涵（教学法概念解读）。

教学模式有了名字后，还要给它下个定义。这就如同一件商品，不但要有名字，还要说明是什么。下定义就是界定这种教学法的内涵和外延。如辽宁调兵山市的"问题引导教学法"是指：在课堂教学中，教师依据课标和教材，精心设计问题，以问题激发学生的学习兴趣，以问题引导学生自主学习与合作探究,从而达成教学目标、提高教学效率的方法。又如中学生物"任务驱动法"的定义:在教学过程中,以完成一个个具体真实的任务为线索,把教学目标隐含在每个任务之中,引导学生去发现、去思考、去解决问题,在完成任务的同时培养学生的创新意识、创新能力和自主学习能力的教学方法。

3. 理念(理论依据或指导思想)。

教学法的提出不能是无本之木,根据什么?借鉴了什么?总要有依据。

理论层面,可以多向教育学、心理学、建构理论、多元智能理论等取经。如天津第二南开中学蔡培浩的"语文古典诗歌四步教学法"的理论依据:(1)建构主义学习理论;(2)系统科学的整体原则。

实践层面,可以向名师、特级教师的研究和这些年课改先进学校教师的实践经验取经。如研究情景教学,可以从李吉林的研究实践中找依据,再结合自己在日常教学中的点滴收获和心得加以提炼和概括。

在阐述自己教学法的时候还要说明比前人和别人创新了什么,创新性是一种教学模式存在的价值体现。

4. 程序(具体操作的流程)。

对一种教学法,大家更关注的是怎样操作,这就涉及教学环节和操作程序了。即这个教学法分几个环节,每个环节分几个步骤,而实施策略又是什么:有的称为几段几环,即把一堂课先分为几个阶段,每一阶段又分为几个环节;有的分为几环几步,即把一堂课先分为几个环节,每个环节再分为几个具体的步骤;也有的只分为几个环节或几个步骤。

教学环节表述要简洁明了,所使用的字数和表述方法要一致,给人以整齐感和规范感,操作程序的表述则要具体。

5. 效果(模式运用的效果)。

衡量教学法的好与坏要看效果。教学法不管怎样规范、先进,如效果不好,便不是成功的教学法,所以一定要证实教学法的效果。

人们关注一种新的教学模式,首先是看其教学效果,有些规范的教学模式要通过对比实验来加以验证，说明实验的对象、时间、实验班和对比班的具体情况以及对比的内容、考核的方法，还要说明实验中的控制因素和各种变量。如果没有严格的对比实验，也要用数据和案例说明在实践中的效果。

6. 使用（使用模式应注意的问题）。

（1）注意授课班级的类型。班级不同，学情不同，要根据学生的现实情况，对教学方式进行适当调整。

（2）注意所授课的难易。不同的教学内容，有不同的教学目标和难度，要根据自己教的水平和学生学的水平，适当调整教学法，切不可一个模式走天下。

（3）注意所授课的类型。新授课与复习课、第一课时与第二课时等目标与任务不同，应注意教学方式的调整。

（四）练模式

教学模式写出来以后，还不能说大功告成了，还要将模式应用于课堂实践，使其经受实践的检验。河北石家庄北苑中学魏静老师的"特色教学法"的形成和历练过程，能给老师们一定的启发。

让"特色"可生长

钱丽欣　施久铭
《人民教育》杂志社记者

有了以自己名字命名的教学法，特色教师该如何往前走？

"虽然有了自己的教学法，但一开始，我只是把研究的切入点定在记叙文的主问题教学上。"北苑中学的魏静老师说。

记叙文是初中语文教学中最基本也是最大量的部分。针对记叙文教学，魏静采用"四问题"教学法，取得了很好的教学效果。所谓"四问题"，即围绕什么样的人物、什么样的情节、什么样的主题、什么样的写法设计四个问题，引导学生通过解读文字来明晰形象，把握情节。

"在很长一段时间里，上公开课，我只敢这样教记叙文，囿在自己的圈子里出不来。"魏静说。

后来，教研室高源、陈荣昌、宫来政三位教研员在听课的过程中，发现并指出了问题的所在，鼓励魏静抛开文本、抛开自己固有的模式，大胆研究每一篇文章中牵一发而动全身的"主问题"。

之后，魏静在教研员的指导下，在《山市》《口技》《天上的街市》《紫藤萝瀑布》《邹忌讽齐王纳谏》等文章的教学中加以尝试。比如，在《口技》一课中，魏静问学生："文章用一个'善'字起笔，'善'在哪里，怎样写'善'？"

为了找出主问题，教研室组织几个进行相同研究的教师同上一节课，看这节课的主问题到底该怎么提，看谁提的问题更好，更能统领全篇，更能调动学生的积极性。然后，让大家讨论。

这时候，魏静终于认清主问题教学的本质，在各种文体的教学中游刃有余。比如，《鲁提辖拳打镇关西》的篇幅比较长，如果眉毛胡子一把抓，学生肯定会无所适从。教研员就与教师一起讨论，最后只提两个问题：鲁提辖为什么要打镇关西？鲁提辖是怎样打死镇关西的？

在一次次研讨中，魏静认识到，要设计好主问题，需要教师站在高处，设计出一组有计划、有步骤、系列化的提问，既可以把复杂的问题变成易于理解的问题，也可以把大的问题分解成小问题，引导学生的思维向纵深发展。

"我觉得自己越来越善于提问，而且具备了一点提问的艺术。"魏静对自己的进步有一点"小得意"。

这些，高源看在眼里，适时地用布鲁巴克的一句话给魏静提醒："最精湛的教育艺术遵循的最高准则，就是学生自己提出问题。"

一句话让魏静认识到：教学研究没有止境。

在《皇帝的新装》和《乡愁》的教学中，魏静的角色发生了变化。在她的引导下，学生们终于提出了一个个有价值的问题。

学起于思，思源于疑。学生提出问题，就等于解决了问题的一半。

"从提问学生，到学生提问，终于让学生回归到课堂教学的中心，这是教学实践探索中的一小步，却是教学思想转变的一大步。"魏静因自己的成长而兴奋。

发现"特色"不是目的，提升"特色"，让"特色"成为教师发展的动力，这才是"特色教师"评选的本义。

北苑中学魏静老师"特色教学法"的形成启发我们，成熟并有质量的教学方法和模式一定要经历一个反反复复的历练过程。而写出"模式"不是目的，提升"模式"，让"模式"相对稳定成熟，最终能提高课堂教学的有效性，这才是目的。

教学有法，但无定法，贵在得法。如何得法？一是符合教材实际，二是符合任课教师实际，三是符合所教学生实际。教师梳理建构教学法，能达到这三个符合，又能驾轻就熟，一个有效的教学法就诞生了。

第十二章

如何做个案研究

假如你想了解麻雀的生理解剖特点,是否需要把众多的麻雀都抓来一一加以解剖呢?大可不必,因为那会费时费力。其实,你只需抓来一两只加以解剖就可达到目的。共性寓于个性之中,"麻雀虽小——五脏俱全"。解剖几只麻雀,可以从中得到对所有麻雀共同本质的认识。从科学的角度说,这叫个案研究法。同样,这种方法也适用于教育科研。

一、破解个案谜底

"人心不同,各如其面。"世界上个性完全相同的人是不存在的。也就是说人与人之间的个性不同,因此存在很多差异性。有人说,黄沙如海,找不到绝对相似的两颗沙粒;绿叶如云,寻不见完全相同的一双叶片。那么也可以说,人海茫茫、教海无边,我们既找不到两个完全相似的学生,也找不到能适合任意学生的一种教学方法。这就需要我们来研究学生的差异,以便做到更好地因材施教。如下面这个案例,只有解开个案的谜底,才有可能找到破解问题的方法。

一个不爱折纸孩子的转变

高安城北幼儿园　徐长琴

案例描述:孙雨豪宝宝的语言表达能力很强,但是,每次碰到动手的事情就不知所措了。在手工活动课上,小朋友们都在认真地折桃子,而孙雨豪宝宝却拿着自己的纸坐在位子上东看看、西看看。等到旁边有小朋友向老师展示自己的作品时,他却拿着纸急得直哭。我马上走到他旁边,问他为什么哭,他用小小的声音说:"我不会折。"每次只要折纸,他都会急得满头大汗。

案例分析:家长对孩子太宠爱了,不管什么事情都会为他做。这样一来,就让孩子很依赖别人,做什么事情都不想亲自动手,等着别人来帮助他,对于做一些事情没有成就感。宝宝的性格很急,每次一拿到纸就想一下子折出来,所以会急得满头大汗。

教育措施:(1)及时与家长进行沟通。让家长按照班级开展的"自己的事情自己做"的主题活动的要求做,放手让孩子做力所能及的事情。随时鼓励宝宝,只要宝宝能自己动手,就给孩子一些奖励。这样一来,孩子就会对很多事情产生兴趣。家长在家教孩子做东西的时候,应改变以前包办代替的做法,可以让宝宝和爸爸妈妈一起来比赛。这样的活动,宝宝更感兴趣,既锻炼了孩子的动手能力,又促进了孩子与父母之间的感情。(2)教师的鼓励。在幼儿园,应鼓励孩子积极动手。只要孩子愿意做,就在全班面前及时地鼓励。当孩子说"我不会"时,也不去帮他做,而是让他跟着老师一步一步做。时间久了,他的依赖性也就慢慢消失了,没有人代替做,自然就会自己去做。(3)小朋友的帮助。让一个动手能力强的孩子坐在他旁边,让小朋友带动他一起做,小朋友的示范对宝宝更有吸引力。

教育成果：经过几周的努力，现在，孙雨豪宝宝不再惧怕折纸了，在"自己的事情自己做"的主题折纸比赛中，他都能很快地举手说："老师，我折好了！"他还时不时地看教他折纸的宝宝，很怕别人比自己快呢！在课余，孙雨豪宝宝还经常跑到我面前说："老师，今天折什么？怎么还不折纸呀！"正是因为孩子体会到了成功的快乐，所以他越来越喜欢折纸了。

二、什么是个案研究法

所谓个案研究法，是指对某一个体、某一群体或某一组织在较长时间里连续进行调查，从而研究其行为发展变化的全过程，这种研究方法也称为案例研究法，实际操作中可采用观察、面谈、收集文件证据、描述统计、测验等方法。在大多数情况下，尽管个案研究以某个或某几个个体为研究的对象，但这并不排除将研究结果推广到一般情况，也不排除在个案之间作比较后，将研究结果在实际中加以推广和应用。对个案研究结果的推广和应用属于判断范畴，而非分析范畴，个案研究的任务就是为这种判断提供经过整理的经验报告，为判断提供依据。

个案研究的对象可以是个人，如学困生、优秀教师、心理偏差者、智力超常者、品行缺陷者等，也可以是个别团体、组织，如先进班集体、优秀学校、实施研究性学习的典型单位等，还可以是某一个别事例，如中学生犯罪、某学校评选"差生"（反映出该学校贯彻教育方针的偏颇）。

由于个案研究一般是对研究对象的一些典型特征作全面而深入的考察与分析，其过程与解剖麻雀相似，因此也叫"解剖麻雀法"。同时，由于个案研究常常需要追溯研究对象的背景资料，了解发展变化的具体经历，因此又称"个案历史研究法"。

（一）个案研究法的主要特点

1. 个别性。研究对象往往是个别的人、事件、团体，这种对象具有单一性、具体性的特点。但通过对个别案例的研究，往往可以揭示具有普遍意义的规律。如学校中评选"差生"，采用贴标签的做法，会挫伤学生的积极性，损害学生的自尊心，不利于发扬优点、克服缺点，与素质教育的要求相悖。

2. 典型性。只有将典型性的个别案例作为对象进行研究，才具有研究的价值。

3. 深入性。即对个案多方位、多维度、多层面地进行研究。从空间上说，它要研究个案生活环境的一切因素，如学校、家庭、社会的因素。从时间上说，它要研究个案的过去、现在和将来。可以静态分析，也可以动态分析。研究越透彻、越全面，针对性越强，结论越具有说服力。

4. 综合性。个案研究往往综合运用多种方法，如测试学生智力用测量法，了解其行为表现用观察法，了解其成长环境用调查法等。

5. 针对性。任何个案研究都是通过发现个案存在的问题并探索形成问题的根源，以便更好地、有针对性地进行矫正，促进其成长和进步。

（二）个案研究法的魅力

1. 有利于面向全体学生。个案研究是指向个别学生的研究，通过研究使教育实际工作中容易受忽视的学生受到最适当的教育，得到最大限度的促进与发展。这符合教育要面向全体学生，使所有学生都得到发展的素质教育的基本要求。

2. 有利于因材施教。在强调学生心理健康的今天，个案研究所具有的独特的诊断作用，对于了解学生心理，有针对性地提出治疗措施，实施因材施教，是其他方法无法比拟的。

3. 警示后人，防患未然。在个案研究中，对教育实践中违反教育客观规律的做法或严重事件的剖析，能够起到敲响警钟、警示后人的作用，以避免类似事件或做法的再次发生。

4.为理论发展提供例证。个案研究所提供的典型材料能够为心理学、教育学理论观点提供具有说服力的具体佐证,能够丰富相关的教育、心理理论成果。现代教育学、心理学的研究常常要借助于个案研究材料,来丰富一般研究的基本结论。如关于儿童元认知的研究就借助大量个案研究的具体材料,来说明其研究所得出的一般结论。

此外,个案研究通过典型材料,以个案举例的方式来说明某种抽象的教育理论和观点,使理论既有概括性又有实用性,既抽象又生动,有助于推动教育研究成果的广泛运用,从而促进教育科学的发展。

当然,个案研究也有一定的局限性。例如,由于个案研究的对象数量少,其代表性有限,难以从个案研究中得出普遍性的规律和结论,因而推广应用的可能性受到限制。再如,个案研究一般只能揭示对象的典型特征,常常是定性的分析,其分析的结果也难以量化、标准化,加之受到研究者自身的知识结构、能力等因素的影响,容易作出主观的不精确的结论。另外,个案研究往往需要采用不同的方法收集各方面的资料,有时甚至需要追踪研究几年或几十年,因而耗时较多,投入的人力、物力也较大。

三、怎样用好个案研究法

教师运用个案研究法时,应考虑以下具体步骤和方法:

(一)个案研究程序

1.选题,确定研究对象。运用个案研究法时,教师首先要考虑选题,即研究什么、研究对象是谁。选择研究对象十分重要,直接关系到所得出的结论是否有价值。研究者应根据个案研究的目的和内容,确定在某一方面具有典型特征的人或事作为研究对象。

2.搜集,积累资料。全面搜集研究资料,是个案研究有效性的重要保证。尽量全面地搜集个案研究资料,有助于研究者对个案的历史与现状有一个比较完整、客观的认识。资料大致分为三种，第一种是个案本身的资料，第二种是学校的记录，第三种是家庭和社会背景。

3. 分析与指导。个案研究的主要任务在于揭示研究对象特征形成、发展的规律，属于定性研究的范畴。因此，在广泛占有资料的基础上，最为重要的工作就是做好对资料的加工。在加工过程中，最为常用的逻辑思维方式就是分析和综合。个案研究法涉及大量主观资料，无论是基于被研究者个人的陈述，还是他人的判断，以至谈话者的意见，皆不能避免主观因素的影响。如果判断错误或处理不当，将使被研究者蒙受莫大的损失。这是值得我们注意的。

4. 表述研究成果。个案研究的成果最终应该体现在研究报告中。个案研究报告的写作方式没有固定的标准，通常可以根据研究的对象、内容和每个作者习惯的不同，灵活掌握。

（二）个案研究方法

中小学的教育个案研究可以根据研究目的、对象、内容的不同，采用追踪法、追因法、临床法、作品分析法、教育会诊法等具体的个案研究方法。

1. 追踪法。个案追踪法就是在一个较长时间内连续跟踪研究单个的人或事，收集各种资料，揭示其发展变化的情况和趋势的研究方法。追踪研究短则数月，长达几年或更长的时间。例如，我国著名的教育家和心理学家陈鹤琴对他的长子进行了长达三年的追踪研究。

追踪法尤其适用于以下三种情况的研究：

第一，探索发展的连续性。追踪法一般针对相同的对象，做长期连续不断的研究。每个人或每个事例，其自身的发展变化可进行纵向比较，研究者可以从中了解其发展的连续性。

第二，探索发展的稳定性。主要是探索人的某些方面的特质或某些教育现象在各个时期发展的稳定性情况。例如，研究智力测验分数的稳定性时，可以从幼儿时期开始测量，然后每隔一定时间再测量，直到青年时期为止。

这样一来，就可以看出个体的智商是否具有稳定性。

第三，探索早期教育对以后其他教育现象的影响。例如，研究者可以选择一些早期教育比较好的儿童，从小学一年级开始进行追踪研究，对他们德智体方面的发展情况进行全面的综合考察，从而探索他们多方面的发展与早期教育的关系。再如，对一些单亲家庭的儿童进行追踪研究，看看父母离异对儿童发展会带来什么影响。

2. 追因法。实验法是先确立原因，然后根据原因去探究产生的结果。追因法则是先见结果，然后根据结果去追究发生的原因。例如，某学生的学习成绩突然下降，我们去追寻他的成绩下降的原因，这就是追因法。追因法正好是把实验法颠倒过来。在实际研究中，究竟应采用哪种方法，需视客观情况而定。

3. 临床法。临床法往往通过谈话的形式进行，故又称临床谈话法。这一方法既适用于陷入困境的儿童的研究，也适用于正常儿童的研究。前者旨在解决个案的问题，后者旨在由特殊个案发现儿童发展的一般规律。临床谈话法的方式可以是口头谈话，即面对面地交谈；也可以是书面谈话，即问卷谈话。口头谈话是会谈双方的一种互动过程，比如教师与学生的谈话：教师一定要首先解除学生的紧张、焦虑、防御、冷淡的心理，创造轻松自如的谈话气氛。教师要以平等的身份参与谈话，不能居高临下，咄咄逼人。在谈话过程中，不能是教师问一句，学生答一句，要变学生的被动应答为主动回答。同时，教师要以封闭性和开放性问题交替询问。书面谈话一般按问卷要求的程序进行，教师要向学生交代清楚做问卷的具体要求和注意事项。对问卷的评分要严格按照标准，做到公正、客观。对于临床上的复杂个案问题，需要动用两种谈话方法进行综合判断和分析。

4. 作品分析法。作品分析法又称活动产品分析法，通过分析学生的活动产品，如日记、作文、书信、自传、绘画、工艺作品等，了解学生的能力、倾向、技能、熟练程度、情感状态和知识范围。运用这种方法时，不仅要研究人的活动产品,而且要研究产品制造过程本身以及有关的各种心理活动状况。例如,我们对儿童绘画作品的研究,可以反映出他们的许多心理特征。儿童的绘画可以反映他们的知觉特征和对所绘的物体形成的表象特征。通过儿童的绘画,还可以在一定程度上判断其智力水平。研究表明,智力落后的学龄儿童所画的图画,其内容通常是原始的,而且惊人地千篇一律。儿童的绘画,还鲜明地表现出儿童对周围环境的态度。他们的态度既影响主题的选择,也影响绘画方式的选择,特别影响对物体和人物的着色,儿童往往把"坏人"和动物涂上黑色。作品分析法作为个案研究的一种方法,往往需要和实验法相结合,设置对照组,观察儿童创造产品的实际过程,这样就可以获得更加科学的结论。

5.教育会诊法。教育会诊法是教师集体通过讨论,就某一学生的行为作出鉴定,形成比较客观公正的结论的方法。它不仅适应于在个性方面有问题的学生,而且也适应于正常的一般学生。会诊主要针对思想品质及学习方面的问题。教育会诊通常包括六个环节:(1)明确会诊目的;(2)确定会诊参加者;(3)由班主任和任课教师详细说明对某一学生的看法,并列举理由;(4)组织集体讨论,广泛交换意见;(5)为该生作出鉴定,提出有针对性的教育措施;(6)根据学生的鉴定材料,教师对集体或个人的教育工作进行自我分析,加强自身修养,提高教育教学水平。

研究证明,教育会诊所得的结论与其他研究方法所得的结论基本一致,差异不大。因此,教育会诊是现阶段比较合理有效的个案研究方法。会诊不仅可以提供有关学生行为方面的比较客观的信息,而且会诊过程也是提高教师素质的过程。

(三)个案研究报告的撰写

个案研究报告的内容一般包括:要研究的问题;有关研究方法的介绍;对研究情景的仔细描述;对这一研究情景中所观察到的现象或过程的详细描述;对研究中的关键元素的深入讨论;对研究结果的讨论。组成部分的排列取决于报告的观众是谁。对大多数观众来说，有关方法的详细介绍可作为附录。但在正式发表的文章里，方法部分要放在文章的前面。在研究报告中，也可运用图表、表格和图像来呈现数据和结果。分享一份个案研究报告，供参考。

学生作业个案分析

海宁市桃园小学　张燕敏

一、个人情况分析

小磊，男，小学五年级学生。他有着大大的眼睛，胖乎乎的脸，是个可爱的小男孩。可是，他又是一个很特殊的学生：课上，他的眼睛从来不看老师和黑板，低着头，手中还不停地拨弄着笔和橡皮，但对于老师的回答有时也能答上一二。下课时，他一溜烟跑到教室外，东跑西窜，满头大汗。无论是没完成作业还是与同学闹矛盾，他总是一个劲地给自己找理由，很多时候让老师感到无奈。虽是如此，每一次考试他始终发挥较好，几乎全在九十五分以上。这也使我开始了反思，是不是我布置的作业太单调？是不是对他来说太简单？还是……总之，小磊是一个智力较好，学习能力强，但习惯特别差，经常不完成作业，撒谎成为习惯，经多次教育效果并不明显的学生。

二、案例

一天，组长向我反映小磊没交作业本。我问他原因，他说回家做作业时才发现没带作业本回去，只好把作业写在一张纸上，但这张纸却找不着了。这显然是在撒谎。放学时，我找小磊谈话，对他讲诚实是做人的第一美德的道理，用和蔼可亲的态度鼓励他说实话，不要撒谎。他道出了实情，作业没写，并说也不知道为什么就想玩，想看电视，不想写作业，但害怕家长和老师的批评。

这次，我表扬了他的诚实。然后，允许他在校补好作业。他也向我保证，作业一定按时完成。结果，十几分钟他就利索地完成了。之后的数天，他都能按时交作业。针对他的进步，我在全班对他给予表扬，鼓励他坚持下去，同学们也为他的转变而感到惊讶、高兴。

但好景不长，才过了十来天，他又旧病复发了。查字典全错，作文凑数……是不会做吗？不是，他怕不完成又被老师批评，于是采取了应付的态度。正好，第二天是家长开放日，小磊的妈妈会来校听课。我与他妈妈进行了交流，从他妈妈口中得知，小磊在家是除了老爸他最大。但爸爸经常是早出晚归，回来也没时间检查作业。无奈之下，只能和他妈妈达成初步意向：如果不做，以一罚五。这也是无奈之举。原本以为通过惩罚之举，小磊能够改变现状，但第二天小磊依旧如此。

三、分析与诊断

经过家访、谈话等多方面调查，我了解到小磊的现状与以下两大因素有关：

1. 个人因素。

（1）父母的爱护和关怀不够。

（2）在家庭和学校里，没有被接受、被尊重，得不到别人的赞赏。

（3）在家里，只要离开了父母的视线，就可以肆无忌惮地玩。但在学校，他对老师还有一定的畏惧感，玩也是小范围的、受约束的，还不如做作业。

2. 教师因素。

在学校里，由于习惯较差，他在老师那儿得不到适时的表扬和赞叹。久而久之，便逐渐产生失落感，否定了自己的一些行为和想法，不相信自己的能力与水平，也就越来越不自信。

四、辅导方法

辅导的目的就在于激发学生的内动力。我相信每个孩子的内心都蕴藏着积极的资源，相信每个孩子都是可以发展变化的。根据小磊的情况，我决定对其实施多渠道、综合性的辅导。

对其本人，通过面对面交流，了解他不做作业的主观原因，然后对他进行心理健康教育，加强行为指导，锻炼他的意志力，提高辨别是非的能力，帮助他养成良好的生活和学习习惯。加强与其他任教老师、父母、同学的沟通，取得他们的配合，创造更多的有利因素。

五、辅导过程

第一步，培养小磊的习惯，内化为自觉行为。习惯是一种稳定的甚至是自动化的行为。从心理学角度来说，习惯是刺激与反应之间的稳固链接。我国著名教育家叶圣陶先生说："教育是什么，往简单方面说，只需一句话，就是养成良好的习惯。"美国心理学家威廉·詹姆士说："播下一个行动，收获一种习惯；播下一种习惯，收获一种性格；播下一种性格，收获一种命运。"因此，我们要注重学生的良好习惯养成教育。好习惯能使学生一生受益，而不良习惯则会贻误学生终生。习惯是一种自动化的行为、潜意识行为，不良习惯是一种藏不住的缺点，并不一定是他自己希望的行为，别人都看得见，而自己却看不见。帮助学生改掉不良习惯，已成为迫切的需要。

第二步，激励唤起小磊的上进心。任何学生都有积极向上和实现自我价值的潜意识。我根据小磊的个性特点，向其提供展示发展特长、体验成功的机会。对他取得的成绩，哪怕是微小的进步，都给予热情的鼓励和真诚的赞扬。例如，在作业本和测验卷上留言："你的书写非常认真，值得大家学习。""看到你的进步，老师为你感到高兴。""老师觉得很可惜，如果你能仔细检查，就可以减少很多不必要的笔误。""持之以恒，你会有更大的进步！"

第三步，从谈话中得知小磊对他的父亲还是有一定的畏惧和敬佩之情的。于是，以此为契机，我与他父亲取得了联系。其实，他的父亲也是十分重视孩子的学习的，对于孩子的撒谎、拖拉情况也非常痛恨，但又苦于没时间照顾。他曾想把孩子送往私立学校，全部由教师管理。针对此情况，我向小磊父亲提出了几点建议：一是赏罚分明，孩子特别喜欢玩具，要适当控制，提出合理要求；二是权力下放，把权力下放给妻子、父亲，由他们代为管理，但每天必须及时上报；三是突击检查，不管多晚回家，都要把孩子从床上叫起来检查作业。这种种做法无非是利用父亲的威信，督促孩子逐渐养成良好的习惯。

总之，面对一个经常拖拉作业、耍小聪明的学生，每个为师者都倍感头痛。对小磊这样的学生，若态度过于严厉，方法过于简单、生硬，问题非但不能解决，往往适得其反，会加深师生感情的裂痕，对工作更加不利。在矫正这个学生的不良习惯时，教师的思想、观念、方法要作出适当的改变，选择正确的矫正方法，才能最终收到良好的效果。为了彻底改变他不完成作业、爱撒谎的不良行为，我不仅取得他的家长的帮助，还主动与其增进感情交流。另外，我改变了留作业的方式，每次给他的作业是一个范围，由他自己选择去做，让他没有压力，培养他主动完成作业的意识。

六、个案小结

一个学期下来，总体情况有了一定的好转，但并未彻底改变。可谓是，大事没有，小事不断。这类孩子似乎软硬不吃，改变起来真的很难。更何况在当今的教育制度下，教师真的要有两下子，才能获得学生的敬畏。因此，我认为，要想促使一个学生改变行为，方法大体有两类。一类是从外部着手，如训斥、说服教育或者家长联系等，使学生感到很害怕，被动地接受。但这样做很有可能使学生产生对抗情绪。另一类是要进入学生的心里，帮助学生发展认识，让学生发自内心地来改变自己的行为。"在训斥中成长的学生，既不会热爱知识，也不会建立自信。"作为老师，我们应该永远记住这句话。面对小磊这样的学生，我们需要的是耐心与细心，从内外两方面入手，鼓励、关心与信任我们的孩子。

见微知著、一叶知秋、举一反三、触类旁通都比喻通过个别的细节与迹象，可以看到或推知事物的整体与未来。这也许就是个案研究的价值所在吧。当然，个案研究也有局限性，因为有时它毕竟只是一种管中窥豹。

第十三章

如何应对课题中期检查

按照教育科研管理的程序,上级科研管理部门要定期对微课题研究做中期阶段检查。那么,研究者要做好哪些准备工作,需要怎样撰写中期报告,以应对中期阶段检查呢?

一、中期检查的基本程序

每次的中期检查情况也不尽相同,有时是微课题专题检查,有时还要对其他课题进行检查。

会议一般由基层学校的校长、业务副校长或主任来主持。要把迎检的材料在会议前准备好、摆放好,做一个会标,或者用大屏幕打出来。

一般程序:

1. 校领导或主持人致欢迎词。

2. 课题研究者作中期报告。

(1)也可能专家直接阅读中期报告。

（2）有几个课题就有几个中期报告。

（3）有专题片的可以播放专题片。

3. 专家提出疑问。

4. 专家查阅资料。

5. 专家意见反馈。

6. 有时围绕困惑和研究专题，专家作讲座。

二、中期检查需要准备的材料

1. 撰写中期评估报告。中期评估报告由课题组指定专人负责完成，评估报告的主要内容是：依据课题开题报告所确定的课题研究步骤、已经完成的各个阶段研究所取得的成果及成效、课题研究中存在的问题、进一步开展课题研究的措施及期望。

2. 填写中期评估表。依据中期评估报告，按中期评估表要求，填写中期评估表。

3. 整理课题研究的过程资料。课题研究的过程资料主要包括如下内容：课题的开题报告、每学期课题研究的计划与总结、每个月向市教科办送交的课题研究活动情况、课题组组织开展的研究活动记录等。

4. 收集课题研究成果资料。课题研究成果资料主要包括课题研究开展以来，以课题研究为主要内容的一些成果：公开发表的各级获奖论文、教学案例、经验文章、教学叙事、教学反思、参与上级组织的优质课竞赛的获奖成果、学校组织的关于课题研究的成果评比形成的研究材料等。

5. 准备课堂教学。根据课题的性质及内容，中期评估一般都将深入课堂，了解课堂的真实性状态和变化情况。课题组在准备中期评估时，应该根据评估小组的要求为其提供一至两节的课堂教学。

三、中期检查容易出现的问题与对策

（一）中期检查容易出现的问题

中国有句古话"平时不烧香，临时抱佛脚"，意思是平时没有准备，临时慌忙应付或仓惶求救，学校迎接中期检查最容易出现的问题就是这种情况。教师平时教育教学工作比较忙，课题研究有时顾得上，有时顾不上，特别是与课题研究相关的材料不能及时积累起来。于是来检查现突击，东拼西凑，甚至不惜造假。尤其有的教师不会撰写中期报告，对前一段工作研究过程不能很好地梳理，没能提炼好研究成果，对研究过程中的困惑也不能很好地提出来。所以这样的中期检查是不容易通过的。中期评估的依据是课题的开题报告，中期评估的内容是课题研究的操作过程、研究任务完成情况及取得的成果。因此中期评估应该按相关要求做好资料准备。

（二）中期检查之对策

1. 真抓实干，迎检有底气。怎样迎接微课题研究中期检查？最有效的做法是研究者应该按照预定的课题方案，有计划、有步骤、扎扎实实地做研究。优秀成果是做出来的，不是写出来的，更不是造假造出来的。所以迎接微课题研究中期检查的有效措施就是教师平时扎扎实实地对课题进行研究。有了研究成果还怕检查吗？

2. 注重平时的资料积累，事实胜于雄辩。在研究过程中，要特别注意把各种与课题研究有关的资料搜集积累起来（包括文字和图片）。中期检查用事实、用材料说话，比口头描述更有说服力。所以进行微课题研究的教师平时一定要注重积累与课题研究有关的各种材料，包括文字、图片、视频等资料，以及开展研究的会议记录、各种测试的材料、学生的作品，反映阶段性成果的论文、教学反思、案例随笔等等。如果研究者平时做了真研究，又有资料积累，迎接微课题研究中期检查就万无一失。

3. 认真写好微课题中期报告。微课题中期报告是课题的研究人员在科研过程中向科研主管部门汇报课题研究工作进度的情况及阶段性成果的书面材料。主要功能有:(1)课题研究人员总结前一段研究工作的成绩和经验;(2)向主管部门和协作单位通报信息,以便检查研究进度,安排进一步的研究工作。

微课题负责人组织课题成员通过中期检查认真总结经验,注意梳理研究过程中的困惑和经验,做好过程性研究资料的收集,提炼好研究成果,认真写好微课题中期报告,迎接中期检查验收工作。

四、微课题中期报告写作方法

1. 课题概述。一般在第一次进度报告中要写课题的概述,后续的进度报告可以不写,主要写明课题来源、起止时间、支持经费以及课题要求等。

2. 本阶段研究工作的内容、情况和存在的问题。写法上应该按照工作计划上规定的本阶段任务条款或按进度报告中"下一阶段工作计划"的内容,逐条检查落实,注意写明完成情况,也同时写明存在的问题,分析存在的问题的原因,如果不具备研究条件而未完成任务应作出说明。这部分写得如何,是衡量进度报告质量的关键所在。

3. 下阶段研究工作计划。这部分写作既要参照课题工作计划写出下一阶段将进行的研究,又要针对上阶段工作的经验和存在的问题,将未完成的任务移至下一阶段去完成。如果研究工作计划有变动,应写明变动原因并作出新的安排。

4. 课题中期报告的编写方法。对单一课题,可采用时序式编写,按任务完成时间的先后写,但重点放在本阶段研究工作的进展和结果上,避免写流水账;对项目比较多的课题,如分有多个子课题,可采用任务分项式编写,一项一项地写;也可将两种方式结合起来进行编写。

5. 内容真实，把握好分寸。课题中期报告写作的重点应放在"研究计划完成情况"和"未能按计划完成的工作"两部分。写作中应如实反映研究的客观实际，正确评估取得的成果；写成绩不要过分夸大，同时要写明存在的困难和问题。

下面分享一个微课题中期报告，供参考。

"小学语文课前三分钟培养学生口语交际能力的探究"中期报告

立项号		课题名称	小学语文课前三分钟培养学生口语交际能力的探究
负责人	董佳仪	负责人所在单位	承德市滦平县第四小学
课题研究进展情况	\multicolumn{3}{l}{语文课程的基本特点是"人文性和工具性的统一"，而口语交际正体现了这一特点。小学口语交际重在培养学生倾听、表达、交流的能力。而现在学生在课上或与人交流时总感到惧怕、无言，这让我们老师很是苦恼。为此，我们积极寻找解决问题的方法，利用上课前三分钟的时间，让学生说话，从而提高学生的语言组织和表达能力。作为课题负责人，我一直积极参加教学一线的实践研究，从多个方面着手为课题研究工作的顺利开展而努力，现将课题研究进展情况汇报如下： 一、准备与起步阶段（2017年7月至9月） 1. 确立课题研究方案，构想课题研究的实施步骤，编制实施方案和具体活动计划。 2. 成果：确立了以"小学语文课前三分钟培养学生口语交际能力的探究"为课题的研究内容，制订了该课题的详细实施计划，对研究过程中的各个步骤进行了规划。 二、研究实施阶段（2017年9月至2018年7月） 本阶段，根据课题实施方案，我们做了以下几方面的工作： 1. 进行培训学习，加强理论支撑。 2017年10月，我县研训中心李老师对我县教师进行了"语文主题学习"的培训，其中对课前三分钟的形式、注意事项作了详细的讲解，并给了具体的建议。课题组成员也就此课题的研究翻阅了大量的书籍，如《语文课程标准》《儿童心理学》《演讲与口才》等。 2. 对班级学生进行培训。 对于课前三分钟的主持人，我先对他们进行了培训。我定期组织他们观看少儿节目，让他们去模仿电视上的主持人，告诉他们要做到仪表端庄、发音准确、面带微笑、语言富有感情。}

续表

立项号		课题名称	小学语文课前三分钟培养学生口语交际能力的探究
课题研究进展情况	\multicolumn{3}{l	}{3. 建立评价机制，全员参与。 为了让每一个同学都有锻炼的机会，我要求同学们按照座位次序往下轮，每天一名同学进行播报，这样不仅能让每一位同学都参与进来，而且对于一些没有自信的同学来说也是一种"硬性"的锻炼。同时，我还在班级小组评价中加入课前三分钟展示这一项，同学互相评价，对于讲得好的同学给予加分，这不但能激发学生参与的积极性，同时也是生生互动的好时机。 4. 规范管理，持之以恒。 根据本年级学生的年龄特点，经过课题组成员的认真研究，决定每天的课前三分钟由学生讲一个故事，要求做到声情并茂。我们为班级学生制作了班级讲故事记录本，主题是"用故事丰盈心灵，让讲述助力成长"，同学们将每天讲的故事记录下来，督促我们要持之以恒，同时也记录了孩子们讲故事的足迹。 5. 读书漂流，助力课前三分钟。 除了每周到图书馆借书外，我们还启动了读书漂流活动，同一个班的同学老师推荐买同一本书，看完以后，和另一个班级的孩子进行交换，这样孩子就能看更多的书，为课前三分钟展示积累素材。 6. 开展活动，激发兴趣、检验成果、助力成长。 经过了一段时间的坚持，我们于2018年4月24日，在学校录播教室开展了"故事大王"评选活动，同学们热情高涨。经过班级海选，有12名同学入选，平时小组得分高的同学每人会获得一张入场券，去现场观看比赛，其他同学将在教室通过转播进行收看。此次活动取得了良好的效果，同学们各展风采，又一次得到了锻炼。2018年5月31日，学校举行了经典诵读展示活动现场会，被评选为"故事大王"的同学有幸对课前三分钟讲故事进行了展示，受到参会人员的一致好评。目前，学校已将课前三分钟讲故事纳入学校校本课程。 7. 个案跟踪——小案例"大"自信。 每一个班都有一些处于班级边缘的孩子，经常会被老师忽视。我们班就有这样一个孩子，他叫李雨，胆子特别小，之前别说回答问题，就连说话都听不见声音，可是通过课前三分钟的展示，他慢慢找回了自信，还有幸得到了讲故事比赛的入场券。 8. 定期表彰，激发热情。 我们会定期对表现好的学生、进步大的学生进行奖励，增强孩子们展示的欲望和热情。 总之，在几个月的实践研究中，我们对课题研究的思路越来越清晰，取得了一定的成果，孩子们的口语交际能力整体上了一个台阶，我们会继续努力，将课前三分钟坚持下去，做好下一阶段的研究。}

续表

立项号		课题名称	小学语文课前三分钟培养学生口语交际能力的探究
存在的困难及解决思路	\multicolumn{3}{l	}{1. 调配时间，确保教学、科研时间合理安排，还可在校本教研时与教研组成员一起研讨课题。 2. 加强理论学习，在原有成果基础上进行提升。}	
能否按期结题	\multicolumn{3}{l	}{保证按时结题。}	
专家的指导和建议	\multicolumn{3}{l	}{（此栏请课题负责人填写指导专家对开题报告的指导意见）}	

第十四章 如何应对结题鉴定

结题是教师课题研究的最后冲刺阶段。完成了结题，教师的研究工作才算告一段落。那么教师怎样才能做好结题工作呢？

一、结题鉴定的一般程序

1. 课题组向上级科研管理部门（一般为市科研所或市教师进修学院科研部）提出申请。

2. 准备好鉴定材料（一式5～7份）。

（1）开题报告；

（2）研究（或实验、调研）报告、论文、专著；

（3）必要的附件，含实验效果、成果被采纳或在教育教学中应用推广的情况。

3. 聘请鉴定专家，并将文件送交专家。专家组一般5～7人，设一名组长。

（1）重点课题由学会学术委员会指派或与课题组协商确定；

（2）一般课题可由受委托单位（有关专业委员会、市教育学会）组织指派，也可由课题组聘请，但需要先拟定名单报请所属教育学会批准，课题组成员不能担任本课题的鉴定专家。

4. 鉴定。填写《结题鉴定申请表》，可采取会议或通信方式。以会议方式鉴定者，由专家组共同确定并由组长签署意见；以通信方式鉴定者，各专家将鉴定材料寄交组长，组长根据多数的看法签署意见后上报。

5. 结题验收。在专家鉴定基础上，经上级科研管理部门确认，发放教育科研课题结题证书。

6. 已通过鉴定结题的课题，如需要继续滚动研究的，可按要求申报下一期课题。

7. 有下列情况之一者，课题组需书面报请所在单位同意后，报上级科研管理部门备案：

（1）变更课题主要负责人；

（2）变更课题名称或研究内容作重大调整；

（3）课题完成时间延期；

（4）通信地址、电话、联系人等情况有变动。

二、结题鉴定所需材料的准备

1. 课题结题的资料准备。立项、开题资料：课题申请书、立项文件、课题开题报告。以上资料供结题小组核准该课题的研究目标与研究内容是否出现偏差。

2. 课题研究工作报告。该报告单独撰写，一式七份。标题为"×××课题"研究工作报告，署名为"课题组×××"（撰写人，多人合作撰写均须明确署名），内容如下：

（1）研究的主要过程和活动（流水账：时间、地点、人物、主题、效果）；

（2）研究计划执行情况；

（3）研究变更情况（无变更则不写）；

（4）成果的出版、发表、获奖、新闻报道情况，如有转载、采用、引用情况，可列出。

该报告主要陈述课题研究工作的开展情况，平实表述，勿用华丽辞藻，1000字以上。

3. 课题研究报告。该报告单独撰写，一式七份。标题为"×××课题"研究报告，署名为"课题组×××"（撰写人，多人合作撰写均须明确署名），内容如下：

（1）课题的研究背景（核心概念界定、理论依据、国内外研究现状，不超过300字）。

（2）研究目标、研究内容、研究对象、研究方法（不超过500字）。

（3）研究实施情况、结果与分析（数据或案例分析）、研究结论（不少于1000字）。

（4）研究的主要特色与创新点（不少于500字）。

（5）研究中存在的问题（不超过300字）。

（6）后续研究的设想（不超过200字）。

（7）主要参考文献（不少于5项）。

研究报告是结题资料的重中之重，一定要写好。该报告总字数3000字以上，平实表述，勿用华丽辞藻，要展示出课题研究的理论水平。本报告撰写人须提供亲笔签名的无抄袭承诺书。小标题按标题层级，序号依次标注为一、（一）、1、①。

4. 课题研究过程性资料。要全面搜集课题的相关资料，以印证课题研究过程及研究成果的真实性。这个资料最烦琐，也最庞杂，但它可以真实地体现课题结论是通过一系列的研究得出，而非主观判断或者抄袭得来的。本项资料主要包括与本课题相关的原始记录文字、教学设计、数据统计、PPT课件、视频、照片等原始资料。要求编写目录，按目录顺序封装成袋（或册）。

5. 研究经费决算。课题经费用在什么地方，怎么用的，相关的账目及证明材料要清晰。

6. 成果集。

（1）已发表的论文复印件：封面、版权页、目录、正文等。

（2）被引用证明。

（3）获奖情况与相关报道资料。

课题组在提交结题申请前，应先对结题材料进行充分准备，特别是要明确结题报告的撰写方法和要求。对课题的研究结果要客观、如实地进行反映，正确认识课题研究过程中存在的问题，失败也是一种成功，它是再对同类课题进一步研究的宝贵经验。

三、课题结题鉴定会议的一般程序

1. 课题鉴定组织单位（或授权委托单位）的相关负责人介绍出席会议的鉴定专家、领导和课题组成员，提出课题结题鉴定的具体要求。

2. 课题鉴定专家组组长主持鉴定会并简要说明结题鉴定的程序及做法。

3. 课题主持人（含课题组成员）陈述研究过程和研究结果（以研究报告为主）。

4. 专家组审阅课题成果及相关研究资料，鉴定专家提问，课题主持人和课题组主要成员进行答辩，专家组对研究报告提出修改建议。

5. 课题鉴定专家组组长综合各专家点评意见，形成书面鉴定意见（课题组成员回避），出具课题成果鉴定书。

6. 专家组组长宣布鉴定结果。

7. 课题主持人表明对鉴定意见的态度。

8.课题成果鉴定组织单位主管领导讲话。

其中，会议鉴定课题主持人要陈述的主要内容：

（1）课题主要研究解决什么问题，为什么要研究这个问题，包括问题提出、研究综述、研究意义等。这就要求提出研究的问题，介绍研究的背景，表述前人研究的成果，说明研究的意义。这个部分的陈述，不求面面俱到，但要扣住主题，简明扼要，讲清问题。

（2）课题是怎么研究出来的，包括理论依据、研究目标、研究内容、研究思路和方法、研究的具体步骤和主要措施等。这个部分的陈述，要使人感到你在研究过程中，研究思路清晰，研究目标合理、有效，研究内容具体实在，研究步骤安排科学规范，研究的具体措施有力，研究方法得当。特别是通过这个问题的陈述，要使人明白你在研究这个问题的过程中，究竟是怎么解决这个问题的，确实有一些重要的研究经验可供他人借鉴。

（3）研究的主要成果（结果、结论）及成果分析（包括理论成果和实践成果）。这个部分是陈述的重点，不仅要具体陈述课题研究出了什么具体的成果，如公开发表的论文、出版的专著等，还要提炼重要的观点，进行深刻的理性分析，用数据说话，以事实证明，要使鉴定者感到你这个结果（结论）具有科学性、创新性、学术性、效益性，有可信度。

（4）研究成果的影响。包括成果带来的社会影响和实际的效果。这个部分的陈述，要"有血有肉"，生动具体，有数据，有典型案例。

（5）值得讨论和继续深入研究的问题。如本应研究而由于其他原因未能进行研究的问题，已进行研究但由于条件限制而未能取得结果的问题，与本课题有关但未列入本课题研究重点的问题，值得与同行商榷的有关问题等。

下面分享几份结题鉴定材料案例，供参考。

本溪市教育科学"十二五"规划2014年度市级微课题结题鉴定申请书

一、基本情况

课题名称	有效提高高中生英语写作能力的探索的研究		
课题主持人	史丽丽	任教年级及学科	高三英语
性别	女	年龄	33	最后学历	本科
职务职称	中学一级	联系电话	139****4286
电子信箱	Shir*******015@163.com		

主要参与者（不超过6人，请填课题立项时的参与者）

序号	姓名	年龄	职称	任教学科	研究具体分工（简写）
1	唐波	39	高级	英语	开题报告、撰写论文、课题研究
2	黄金鑫	27	初级	英语	课题研究、撰写论文、整理和电子化
3	倪铭	26	初级	英语	结题报告、课题研究、撰写论文
4	艾莉莉	32	初级	英语	搜集信息、课题研究、撰写论文
5	王冰冰	30	中级	英语	阶段总结活动记录、撰写论文
6	王晓曦	30	初级	英语	调查问卷、中期报告、阶段总结

课题组研究人员在2012—2015年曾主持或参与研究的省市级课题（限填10项）

序号	姓名	课题名称	级别	是否结题
1	史丽丽	高中英语语法教学中的困惑与探索	市级	是
2	倪铭	高中英语语法教学中的困惑与探索	市级	是

续表

3	唐波	高中英语阅读技巧的实践研究	市级	是
4	黄金鑫	高中英语阅读技巧的实践研究	市级	是
5	王晓曦	外语教师共同体阅读教学的实践探索研究	省级	是
6	史丽丽	外语教师共同体阅读教学的实践探索研究	省级	是
7	倪铭	外语教师共同体阅读教学的实践探索研究	省级	是
8	黄金鑫	外语教师共同体阅读教学的实践探索研究	省级	是
研究周期	一年			

二、结题报告简介

内容提示：1.课题提出的背景；2.课题的界定；3.课题研究的特色或创新之处（理论上的新观点、实践中的新举措）；4.课题研究的意义和价值（基本观点与主要结论）；5.研究目标；6.研究内容；7.研究方法；8.研究步骤；9.研究中存在的问题与今后的研究设想；10.参考文献。（小四号字、宋体、1.5倍行距、1000字左右）

1.课题的提出与界定。

在高中英语教学中，对高中学生听说读写能力的培养至关重要，其中写作是最难培养的能力之一。现代视听工具的普遍使用，不仅没有降低写作的地位，反而对写作提出了更高的要求。写作能力一直是学生的弱项，学生往往难以形成有效的写作技能，常常停留在文本的接受性学习中，缺乏逆向思维能力。教师和学生投入了大量的时间和精力，采取了一些办法，但是学生写作水平提高较慢，英语写作教学现状不容乐观。

2.研究步骤。

课题"有效提高高中生英语写作能力的探索的研究"确立于2014年4月，历时一年，大体分为三个阶段。

第一阶段：准备阶段（2014年4月—2014年5月）。

（1）组建课题组，制订课题方案及实施计划。

（2）召开课题组会议，学习讨论研究方案，明确研究思路，落实研究任务。

（3）查看搜索相关文献资料，把握研究现状与发展趋势。

（4）调查英语写作水平的现状并分析。

阶段成果：形成课题方案。

续表

第二阶段：实施阶段（2014年5月—2014年10月）。
（1）课题组教师按实施计划进行研究并收集材料。
（2）课题组成员进行理论学习，召开课题组成员会议，对课题进行阶段性小结。
（3）召开课题研讨会，根据效果调整并完善课题设计。
（4）收集、整理学生的优秀作文，进一步指导。
（5）收集、整理教师案例、反思等。
阶段成果：课题小结，中期报告。
第三阶段：总结阶段（2014年11月—2015年4月）。
（1）调查英语写作水平的现状并分析。
（2）撰写研究报告。
（3）完成各项成果资料的整理工作，做好课题研究的结题和成果论证工作。
最终成果：形成课题结题报告、研究性论文。
3.课题研究的意义与价值。
（1）通过本课题的理论研究，不断改进传统的教学模式，接受有效的与写作教学策略相关的理念和理论，从而促进教学方式和手段的转变，为进一步开展写作研究提供新的思路。
（2）通过本课题的实践研究，让学生树立强烈的写作意识，进一步提高学生的英语综合素质，促进我校英语教师的写作教学与指导水平和学生的写作能力的提升，形成本校的英语教学特色，增强区域内的影响力。
4.课题目标。
通过本课题的研究，学生能更加明晰作文的几大体裁的特点，掌握提高写作水平的几大要素，使词汇在使用规范的同时更加丰富多彩，句型在保证正确的同时力求多变。提高学生综合运用语言的能力，发展学生从口头表达转向书面表达的能力，让学生逐步学会整合所学的语法、句型等知识点，把它们变成一个有机的整体。
5.研究内容。
旨在探索出一条有效解决高中英语写作课效率低下的有效途径。希望通过本次课题的研究，教师能在提高自身教学水平的同时多关注学生的动态及自身教研水平的提高，利用各种办法，开展多种活动，使学生们对写作课充满学习的激情与乐趣，从而提高课堂学习效果。
6.课题研究方法与特色。
（1）夯实英语基础知识，激发学生对语法知识的关注。
（2）创设真实情境，激发学生的写作兴趣。
7.研究中存在的问题及今后的研究设想。
虽然我们取得了较好的成绩，但在教学和研究中，我们也遇到了一些难题，值得思考。
（1）如何提高一部分学困生的学习时间和效率？
（2）如何进一步提高课堂效率？
总之，要通过本课题的研究，使学生形成良好的英语学习习惯，激发学生的英语学习兴趣，促进学生写作能力的提高，培养学生自主学习英语的能力，让学生在良好的英语学习习惯的影响下提升英语素养。

本溪市教育科学"十二五"规划2014年度市级微课题结题报告

一、省内外研究述评
内容提示：1. 与本课题相关的、他人的研究成果、研究理论与实践经验；2. 对他人研究经验的优势和不足作出阐述。（400字以上）

"新课程高中英语写作教学有效策略的研究"是丰城中学戴剑国老师负责的课题项目。此课题通过实验与研究，探索出一种具有针对性、实效性、规范性和可操作性，符合新课程改革精神，具有丰中特色的英语写作教学模式。通过高中英语写作教学模式的研究与实践，有效促进高中学生英语写作自主学习和合作学习能力的提高，从而提升高中英语教育教学质量。

新课程标准倡导的自主、合作、探究理念提供了新的思路和方法。

自主学习指的是一种主动的、建构性的学习过程。通过自主学习，激发学生学习的兴趣，使学生获得深层次的体验，进而促进学生的发展。自主学习作为一种学习方式，不仅能使学生在学校教育阶段受益匪浅，而且能为其终身学习奠定基础。自主学习的引入，将优化写作教学过程，而对自我写作能力的评价，会使学生更加了解自己的写作现状，从而明确努力的方向，更加主动地投入到提高自身写作能力的教学活动当中。

合作学习要求师生互动，生生互动。实验证明，小组合作学习充分开发和利用了教学中的人力资源，使不同层次的学生都能积极主动地参与到课堂教学活动当中，而小组成员间的相互帮助会更有利于学习的提高。

因此，自主学习和合作学习在写作中的运用将会极大地促进学生的写作能力。但目前，英语写作技巧的研究主要针对于全体学生，每名学生之间也会有很大差异，我们要做的是找出适用于差异比较大的学生的技巧与方法，使学生在最短时间内掌握最有用的方法。同时，以往的写作技巧都是基于范文的积累，我们更多的是研究学生独立分析作文要求、分析结构、组词成句、丰富句型等以提高学生的写作能力。

二、课题研究的意义
内容提示：本课题的研究对该领域的理论和现实的意义。（200字以上）

1. 有利于教师进一步更新观念，改变传统的教学方式。对高中英语写作教学进行研究与实践，就是要引导教师转变教学观念，树立以人为本、促进发展的课程观和学生观，突破接受学习的定势，探索有效引导学生英语写作的教学方式和策略，不断提高课堂教学效果。
2. 有利于发展学生探究学习的能力。写作教学应"逐步培养学生听说读写的能力"，使学生通过多重方式自主地获取和运用知识。
3. 有利于拓展教学内容，开阔学生的知识视野，使写作教学课堂从封闭走向开放，体现用英语做事的教学思想。
4. 有利于拓展我校英语写作研究视野，丰富英语写作理论。
5. 通过本课题的研究，使得教师能够更有针对性地开展教学工作，更善于分析和设计适当的教学情境，采用合理的教学手段来提高学生写作学习的效率。

续表

三、研究目标

内容提示：目标设定要有层次、有可操作性、有研究价值。可按科研目标（例如：某种教育教学策略、方法、模式等）、育人目标（例如：培养什么样的学生或教师、提高学生或教师的什么样的能力等）、工作目标（例如：通过课题的研究对教育教学管理、工作有什么样的促进作用等）来设定。

1. 科研目标。

英语写作技巧的研究，主要通过写作技巧的实验，来总结适合各个写作层次的高中生的技巧。

2. 育人目标。

（1）使学生在写作的同时体会写作带来的人格培养与性格塑造方面的作用，使学生在写作课堂上体会美、发现美、创造美，培养学生的写作能力与水平。

（2）促进教师的专业化成长，加强教师的专业化学习，提高教师的讲授能力，培养多方面并进的教师。参与课题的教师上了校级公开课，并撰写了教学设计、随笔、案例论文等多篇文章，为课题的顺利完成提供了有力支撑。教师们伴随着课题研究变得更加成熟，课堂教学也受到了教研员及校领导的肯定。

3. 工作目标。

通过本课题的研究，增进教师间的合作，促进工作更好、更快地开展。

四、研究内容、过程和措施

内容提示：1. 研究内容（本课题研究要解决的具体问题是什么）；2. 研究过程和措施（不同的研究阶段要解决什么问题，怎样解决）。（2000字以上）

1. 研究内容。

我校大部分学生英语基础薄弱，学习热情不高，学习方法不得当，问题在写作课堂上表现得尤为突出。写作课本身比较枯燥，教学形式比较单一，知识点比较琐碎，对学生的要求也比较高，丝毫提不起学生学习的兴趣，课堂效果很不理想，学生的学习效率低下，所以提出此研究课题，目的就是要寻找一条能够激起学生写作热情的道路。

在高中英语教学中，写作教学历来是困扰广大师生的一大难题，也是高考的一个重要内容。而让学生掌握一定的写作基本功，是高中英语教学的重要任务之一。在以学生为主体的英语教学中，教师要改变传统的教学观念，灵活运用各种教学方法，充分调动学生的学习积极性，让学生更好地运用和发展语言能力。在英语写作课的各个环节中，教师应以不同类型的问题为主导，引导学生通过自身思维活动掌握英语写作知识，提高语言运用能力与思维能力，探索出一条有效解决高中英语写作课效率低下的有效途径。

希望通过本课题的研究，教师能在提高自身教学水平的同时多关注学生的动态及自身教研水平的提高，利用各种办法，开展多种活动，使学生们对写作课充满学习的激情与乐趣，从而提高课堂学习效果。

续表

2. 研究过程和措施。

课题设立于 2014 年 4 月，历时一年，大体分为三个阶段：

第一阶段：准备阶段（2014 年 4 月—2014 年 5 月）。

这一阶段的主要工作是对课题进行整体设计，构建实验研究的基本框架，为课题研究作好充分的准备。本阶段主要任务为确定课题研究的具体内容，并进行课题成员的分工，以保证课题研究进展顺利，按时按期完成任务。

课题的研究是建立在对教与学的充分认识基础之上的，其研究的主要目的也是为了学生的学习与发展。因此，课题研究开始时本课题组就对学生的英语写作现状作了全面深入的分析研究，通过深入课堂观察、走访教师和学生，了解学生写作学习的现状。在此基础上，确定了课题研究的实验班，依据调查情况确定了课题研究开展的计划及方法，然后对调查情况进行分析，并对影响写作效果的原因加以总结。最后，本阶段小组成员共同探讨了英语写作教学中存在的问题。

研究的具体实施方法有：

（1）组建课题组，建立课题研究班子，健全研究制度，培训课题研究人员。

（2）查阅文献资料，从理论上搞清课题的界定，并寻找课题研究的理论依据。

（3）制订实验研究方案，明确研究目标、内容、方法和步骤。

（4）论证实验研究方案，聘请有关专家、顾问进行课题论证，修订和完善实验研究方案。

（5）进一步完善研究条件，深入调查研究对象，收集整理有关信息资料。

第二阶段：实施阶段（2014 年 5 月—2014 年 10 月）。

这一阶段主要是抓研究工作的全面开展，并逐步推进。研究过程中，课题组多次召开会议进行研讨，不断完善课题实施计划与措施，并对研究内容进行细加工与处理。本阶段主要研讨课题研究主体的基本写作情况与水平，并提出适合课题研究主体的方法与步骤，进行第一阶段的实施。

结合课堂英语教学实际，充分研讨英语写作教学的规律，提出并实施提高学生写作速度及写作效率的具体策略，并对学生进行有效指导。首先分析学生的学习现状，找出学生在英语写作学习中的困惑或不足，然后利用英语写作课逐步指导学生，有效地改善学生英语写作的学习效果。

研究表明：学生学习英语缺乏学习兴趣，认为费时、费力，成绩不能很快有大的提高；学生在学习中缺乏效率，需要改善学习途径，提高课堂学习的效果。这一分析为此次课题研究找到了好的切入点。

在本课题研究期间，为了充实课题研究的内容，课题组成员利用资料室、网络信息以及写作理论书籍等加强了理论学习。

自本课题开题以来，校领导大力支持课题组的学习培训工作。学校多次组织课题组的老师外出听课学习，并邀请校英语教研组长进行课题研究的理论与实践指导。这使课题组成员深受启发，拓宽了视野，明确了课题研究的方案设计及实施过程管理的内容和方法等。这对本课题研究工作的开展具有极大的指导作用，有利于提高课题研究的质量。

续表

研究的具体实施方法有：
（1）召开开题论证会，进行全面的宣传、发动。2014年5月25日举行了开题论证会，由开题论证组专家对课题进行认真评议、指导。
（2）2014年6月份，各课题组成员根据开题论证会的要求进一步修订、完善课题实施方案。
（3）2014年7月3日，课题组专门举行研讨会，研究成员具体分工与注意事项，并邀请校课题负责人指导课题实验。
（4）2014年7月19日，各课题组成员就第一阶段情况进行小结，并写出书面小结报告，排查课题实施以来存在的问题，以便及时矫正课题的方向。
（5）2014年8月13日，课题组在本校外语组办公室召开课题实验研讨会。课题组全体成员、校课题负责人参加了研讨活动。各课题组成员交流了前一阶段的实验情况，并就下一阶段实验工作提出了具体的思路。
（6）2014年8月—10月，各课题组成员进行课题实验中期总结，就课题实验中出现的一些问题提出应对措施，以更好地做好下一阶段的实验工作。
第三阶段：总结阶段（2014年11月—2015年4月）。
这一阶段的主要工作是撰写总结报告，申请结题鉴定。在一年来的课题研究过程中，课题组成员深感协作精神的重要与必要，能共同探讨课题研究中出现的新情况、新问题，通过讨论达成共识；自觉参加每月一次的课题组活动，或学习或讨论或开设公开课，使课题研究能扎实有序地进行下去，并且有所得；加强校际与校内各种类型的教研活动的开展，相互交流、相互促进、相互提高。课题组成员上公开课，实施开放性教学，形式多种多样，内容丰富多彩。
同时，为了进一步加强对课题的日常管理，经课题组全体成员商议后，拟定了有关课题研究的约定，对课题研究的相关工作，指定专人进行负责，保证各项工作及时落实到位。
（1）各课题组成员进行认真的总结，撰写课题研究的工作报告和课题研究报告。
（2）广泛收集实验过程的研究资料，整理、汇编研究成果材料。
（3）自我评估，申请结题验收，邀请有关专家召开结题鉴定会。

五、人员分工
内容提示：每个参与人在研究过程中所承担的具体的研究任务。

课题研究小组组长应做好组织协调、统筹及分工；积极与上一级机构沟通，并定期向专家请教，为课题有效正确地开展提供技术支持；定期召开课题小组会议，及时有效地解决在课题研究中出现的问题等。
具体成员分工如下：
史丽丽负责：课题指导、课题研究、撰写论文。
唐波负责：开题报告、课题研究、撰写论文。
黄金鑫负责：课题研究、撰写论文、整理和电子化。
倪铭负责：结题报告、课题研究、撰写论文。

艾莉莉负责：搜集信息、课题研究、撰写论文。 王晓曦负责：调查问卷、中期报告、阶段总结。 王冰冰负责：阶段总结、活动记录、撰写论文。
六、研究方法 内容提示：研究方法有文献法、观察法、调查法、行动研究法、总结法等；每种方法在什么时候使用，如何使用。（200字以上）
本次课题问题的提出运用了调查法，主要是各班教师通过在教学过程中运用调查问卷及其他方式发现学生英语学习中存在的问题。 在有关此次课题的公开课上，教师利用观察法来了解学生的学习动态、知识的掌握程度及需要提高和改进的地方。 在此次课题的研究过程中各个教师根据要求或自身实际情况撰写随笔、论文、反思、结题报告等材料，应用了文献法。 此次课题研究分三个阶段，每个阶段教师都应及时总结收获与反思，并提出下一步的设想，总结法贯穿这三个过程的始终。
七、研究中存在的问题与今后的设想 内容提示：1.研究中存在的问题；2.今后的设想。
虽然我们取得了较好的成绩，但是在教学和研究中，我们也遇到了一些难题，值得思考。 1.如何提高一部分学困生的学习效率？ 在教学中，有一部分学生英语写作非常吃力，虽逐渐增强了努力提升英语写作能力的信念，但仍力不从心。这需要教师、家长密切配合，给予孩子不懈的指导、鼓励，需要我们寻求这种现象的有效解决手段。 2.如何进一步提高课堂效率？ 通过教学，我们发现课堂中有一些孩子不愿意发言和表现，课堂学习效率不高，这就削弱了这类孩子的学习效果。必须充分提高课堂效率，加大对这类孩子的教育投入，保证教育的公平性和公正性。提高课堂效率也是我们必须研究的问题之一。 总之，通过本课题的研究，使学生形成了良好的英语学习习惯，激发了学生的英语学习兴趣，促进了学生听说读写能力的提高，培养了学生自主学习英语的能力、应用英语的能力，学生在良好英语学习习惯的影响下提升了英语素养。
八、课题研究的特色或创新之处 内容提示：从选题、研究内容、研究方法等角度，阐述本课题的研究特色与创新之处；写一两条即可。
1.夯实英语基础知识，激发学生对语法知识的关注。 学生在写作时语法错误层出不穷。例如，有学生在描绘自己时这样表达：Not only I am good in study, but also good in PE. 该学生在写作时仍然停留在中文思维的水平，没

有注意简单的语法和表达法。教师应就此类问题采取相应的措施。比如，在作文训练前让学生根据作文的要求及内容总结出尽可能多的词汇、短语及句式。还可举出反例，以一篇语法错误较多的作文让学生体会到语法正确使用的重要性，并以改错的形式来纠正错误。在书面表达中，前后时态不一致也是一个比较严重的问题。如在一篇作文中，考生在文章开始时是这样写的：We had to go to school every day. 而到了文章的最后，他却这样写道：Now I can go to bed at 10 o'clock in the evening. 前面用的是第一人称的复数形式，后面却变成了第一人称单数，前后显然不一致。解决这个问题的方法就是：在书面表达训练中，考生要时刻提醒自己，前后人称是否一致。如果自己总是会出现这个问题，那么，在每次书面表达训练时就要特别注意这个问题。

2. 创设真实情境，激发学生的写作兴趣。

目前学生英语写作中突出的难点是写作内容贫乏和思路不畅，表现为对主要思想和细节的挖掘还远远不够，不能完整深刻地挖掘主题思想，不能完整连贯地刻画主要细节。究其根源主要是缺乏真实情境。教师要努力创设真实情境，提供给学生真实的写作机会。如在周末教师可以布置作业要求大家用英语互发信件，或与老师分享日记，彼此交流情感、想法。或让小组同学发挥想象，分工写一个完整的故事。或就学校的课外活动的开展给校长写封信，或就学生上网的利与弊等发表看法。这些写作任务来源于生活，强调语言的交际性，解决实际问题，从而激发写作兴趣，提高学生的书面表达能力。

3. 运用多元评价策略，激发学生写作的成就感。

教师利用多种评价方法来检验学生的写作成果，如学生个人自我评价，或相互之间进行评价，或小组对个人进行学习评价，或小组之间开展互评等。这不仅激发了学生研究写作的兴趣，提高了写作的能力，还让学生感受到了成功的喜悦。

九、参考文献

内容提示：本课题的研究参考了哪些文献资料；著作要有题目、作者，网上文献要有网址。

[1] 张瑾华：《词、句、篇三部曲写作方法实验研究》。
[2] 杨美莲：《运用多媒体上英语写作课》。
[3] 王秀云：《如何引导学生自评自改英语作文》。
[4] 王学儒：《运用词块理论提高学生的英语写作能力》。
[5] 韩金龙：《英语写作教学：过程体裁教学法》。
[6] 刘爱英：《英语写作：课程目标与教学方法的重新定位》。

高中生英语写作现状及问题的问卷调查研究报告及反思

本溪市第四高中英语组　史丽丽

一、调查目的及背景

在高中英语教学中，对高中学生听说读写能力的培养至关重要，其中写作是较难培养的能力之一。现代视听工具的普遍使用，不仅没有降低写作的地位，反而对写作提出了更高的要求。写作能力一直是学生的弱项，学生往往难以形成有效的写作技能，教师投入了大量的时间和精力，采取了一些办法，但是学生写作水平提高较慢，英语写作教学现状不容乐观。从历年的高考试卷来看，学生失分最严重的就是书面表达。在笔者所任教的普通高中更为严重，大部分学生用英语表达简单的语句时总力不从心，学生的作文中普遍存在着文体及格式错误，文章无重点、无构思、无条理，卷面书写不整洁，单词拼写错误，句子不完整，语法错误层出不穷，缺乏逻辑性，写出来的文章漏洞百出，致使他们厌烦写作，害怕写作。为此课题组教师一致认为有必要进行一次调查，通过调查问卷来进一步了解学生写作的现状及存在的问题。学习的动力和成果是与兴趣分不开的，想提高学生们的写作能力，首先要关注每个学生的情感，激发他们对英语学习的兴趣，这就要求教师应关注学生的个体差异，把培养学生的学习态度、自信心及兴趣放在首位。

二、调查时间

2014年11月26日—2015年3月2日。

三、调查对象

在本溪市第四高级中学高二年级随机抽取205个学生发放问卷，回收率100%，经过仔细统计，得到了真实的第一手资料。

四、调查结果分析

我们从学生对英语写作的兴趣、英语写作能力的现状、对教师教学方法及能力的要求三方面进行调查。

1. 学生对英语写作的兴趣。

常言道,"好之者不如乐之者",兴趣浓,效果更佳。下表是学生对学习英语感兴趣的程度。

喜欢程度	非常喜欢	比较喜欢	不喜欢
人　数	51	122	32
百分比	25%	60%	16%

从上表我们可以看到大部分学生还是喜欢英语的。兴趣是最好的老师,我们应该千方百计培养学生对英语学习的兴趣,只有吸引住了他们,才有可能提高英语写作成绩。

2. 英语写作能力的现状。

题意理解情况	正确理解	部分理解	不理解
人　数	36	126	43
百分比	18%	61%	21%

从上表可看出,有相当比例的学生由于英语基础薄弱和单词匮乏,不知题目所云;也有部分学生对题目的语言和要求不完全了解,不能充分理解题目的要求,不能充分利用有效信息,无从下手;只有少部分学生能正确理解题意并写出作文。

3. 对教师教学方法及能力的要求。

喜欢老师的教授方法的程度	非常喜欢	喜欢	不喜欢
人　数	34	132	39
百分比	17%	64%	19%

从上表可看出，有一部分学生还不能接受教师的教学方法，这一方法还不能激发他们的写作兴趣，这就制约了他们写作能力的提高与发展。仅有17%的同学非常喜欢是不够的，教师要集思广益，致力于研究有助于提高学生学习兴趣及写作能力的教学方法。

五、影响学生写作水平提高的原因分析

1. 社会家庭因素。

（1）大多数学校及部门对写作训练的重视程度还不够，相对来说更加重视阅读理解及完形填空等，往往忽略了写作在英语中的重要作用。

（2）许多家长在思想观念上存在偏差，较少过问子女的学习情况，即使过问也只是偶尔过问。

（3）现实生活中，部分家长忙于生计，对子女疏于管教，有的学生沉溺于网吧，影响了学习。

2. 学生自身的因素。

（1）学生的思想认识水平低，学习目的不明确，缺乏进取心。

（2）对学好英语没有信心。从调查中发现，很多学生很少有成就感，而且总是因为自己的失败而受到老师和家长的责备，承受着很大的压力，他们常常得不到其他同学的尊重。

（3）学习方法不当，常常是事倍功半。许多学生学习一直很努力，但效果却不理想。他们未能掌握好的学习方法。

3. 教师因素。

（1）教师缺乏教育教学理论的学习。有些教师认为教育教学理论是空洞的，而教学经验才是实用的。虽然有些教师也承认教育教学理论对教学实践的重要指导意义，但总是忙于应付备课、上课、批改学生作业等事务，而很少有时间去学习心理学、教育学、应用语言学等教育教学理论。

（2）教师的教学方法不够科学。有些教师只备教材，对学生写作现有的水平、学习兴趣的高低、学生的心理状态一概不知，这样一来，教师的指导就无针对性，不能从学生的兴趣出发，自然点燃不了学生学习的热情。不了解学生的心态就不能激起学生的学习动力，也容易导致教学方法不得当，使教学工作事倍功半。

（3）英语教学效果不理想。许多教师由于缺乏教育教学理论的指导，课堂教学效率不高。他们仅仅依靠自己有限的经验进行教学，没有自觉地反思教学并上升到理论的高度。因此，许多学生在英语学习中没有得到很好的指导，只学到有限的英语知识而不能自如地运用英语进行交流。

六、采取措施

1. 以学生发展为本，肯定自我价值。

高中生自我意识很强，要求别人了解、理解和尊重自己。从评价的角度来看，他们最希望获得老师的首肯。在作文评价中，课题组教师发现面批是十分有效的评价途径。在作文面批的过程中，师生间的沟通和交流更直接和通畅。老师可以更好地了解学生的写作态度和意图，而学生可以从老师这里获得更多的指导。在面批中，学生们的自我意识受到了极大的关注与肯定，写作成了有效的表现自我的途径。

2. 利用激励，创设愉悦情境。

在课堂教学中，教师要善于运用激励机制，恰当地对学生进行表扬和鼓励，增强学生的自信心，从而激发学生的思维兴趣，使学生在愉悦的情境中，放心大胆地去研究、探讨，从而获得新知，更好地发挥学生的主体作用。在愉悦的情境中，学生学习状态佳，就能很轻松地完成学习任务。教师还可以在教学中运用多种激励方式来调动学生的写作积极性，更好地发挥学生的主体作用，从而培养学生的创新能力。

3. 采取科学方法，有效促进写作教学。

英语写作本身对学生具有较高要求，然而我们的学生目前存在单词拼写有障碍、词汇量严重不足、对语法的重视和理解不到位、句子结构单一、连接词的使用不恰当等诸多问题。面对这一系列的问题，教师应采取科学有效的方法

（如鼓励学生夯实基础知识），通过多种途径（如多读英文报纸，学习优秀佳作）培养学生的英语写作能力。

4. 优化课堂教学，提高听课效率。

英语课程标准指出，教师应该是学生学习的合作者、引导者和参与者。教学过程不只是师生之间进行信息交流的过程，更应该是师生进行情感交流的过程。在课堂上，教师要积极为学生创造一种民主、和谐、轻松、愉快的教学氛围，使学生获得自己是学习主人的体验，以激发他们的求知欲。

七、总结与反思

总之，我们英语教师在教学中，要把平时课堂教学的广泛阅读训练和分类专门写作相结合进行英语写作训练指导，坚定学生学习的信心，增强他们学习的动力，激发他们的学习热情，采取积极有效的方法，用优秀的文章来熏陶他们，用崇高的思想来指引他们，用科学的方法来训练他们，挖掘出他们身上的创新能力。

相信每一个学生都会写出有个人特色的优秀作文出来。

丹东凤城市东方红小学"小学循序训练作文教学实验"验收意见

由凤城市东方红小学校长包全杰同志主持的"小学循序训练作文教学实验"，是辽宁省教育科学"八五"重点项目之一。先后进行两轮十四年实验，1995年10月26日接受了辽宁省专家组验收。

专家组对东方红小学的作文课堂教学反映实验过程和成果的资料以及实验报告作了全面的调查和评审，一致认为该项实验具有下列特点：

一、立题意义重大

该实验是在充分考虑了作文在语文教学中的地位，针对小学作文教学长期存在的起步晚、坡度陡、无计划、不得法、量不足等问题和学校的实际情况提出来的，对提高小学作文教学效率和水平，推进学校整体改革，实施素质教育有重大现实意义。

二、实验目标明确

该项实验的总体目标是大面积提高学生的作文水平，同时确定了低、中、高年级学生作文在时间、字数和程度上的要求，为实验确定了明确的研究方向。

三、实验设计科学

该实验以现代教学思想为指导，确立了"一个核心、三个阶段、六步训练"的循序训练作文教学模式。在实践中，以更新教育观念为先导，以自编作文课本为载体，以丰富学生生活为基础，以培养学生写作兴趣为动力，以勤写多练为途径，以作文与做人相结合为根本，改革课堂教学结构，改革作文批改方法，作文与阅读相结合，作文与其他学科教学相结合，课内与课外相结合，实行全程教学，给学生提供了表现与体验成功的机会，体现了学生的主体性。这个教学模式和操作办法符合小学作文教学规律和小学生心理活动规律，为学生作文水平的提高提供了可靠的保证。

四、实验操作到位

在实验过程中，学校已将实验思想和操作办法转化为多数教师的教育观念和教育行为，使实验工作落到了实处。

五、实验效果显著

在实验中，构建了"循序训练作文教学"模式群，创造了实现目标的操作办法，大面积提高了学生的作文水平。据测试，全校2000多名学生的作文水平已超出了实验确定的目标，作文竞赛成绩在全国居前列，同时学生的认识能力、创造能力和心理素质等方面也得到了较好的发展。这些成果是可信的、显著的，在教育界和社会上产生了广泛的影响，对推动我省小学作文教学改革，发挥了积极的作用，也推动了本校教师作文教学水平的提高和全校教学整体改革。

上述分析说明，该项实验主题是先进的，改革力度大，有利于全面提高学生素质，方案设计科学，操作办法可行，控制严谨有效，效果显著，是一次成功的实验。专家组同意该实验通过省级验收，并推荐参加辽宁省"八五"优秀教育科研成果的评选。

专家组建议对实验报告的结构作进一步调整和完善。

专家组组长：×××

××年×月×日

第十五章 如何做好微课题研究成果的梳理与表述

微课题即使有了研究成果，如果没有进行全面的梳理与提炼，其成果仍是零散的、感性的、隐形的。因此，教师不仅要重视微课题研究，还要重视成果的梳理与表述，将自己的研究成果科学地呈现出来。

一、名师告诉你成功的秘诀

追溯名师成长的历程，一个基本事实是：大凡卓有成就的骨干与名师，除了痴迷读书外，还重视经验梳理与专业写作。

李吉林说：写作就是研究。没有写作，研究成果往往会呈现碎片化、思绪化、即时性等特征或状态，写作是对这些研究成果的归纳、整理和提升，也可以说是对平时研究的"二次研究"。

窦桂梅说：有一个很好的办法，那就是用笔静静记录下自己，并在写作过程中发现崭新的自我。每种力量、每个领域都在为自己找到存在的理由，每个人也都需要自我引导，自觉创造课堂生活的价值和意义。

李镇西说：教育写作，不要有功利性。在实践中成长，在写作中反思，在反思中进步，在进步中成长！

朱永新说：写教育随笔，在纸上与自己对话，留下日子的划痕。也许，你看到的仅仅是别人写了些文字，你没看到的则是其精神的成长与灵魂的蜕变。

教师专业成长的路有千万条，教学经验和研究成果的专业梳理是一条最近的路。老师会说，作专业梳理多难啊！让我上课没问题，让我动笔写东西就发愁，很打怵。可是大家想过吗，越是难走的路也许恰恰是最近的路。正因为它难，它才有魅力和价值。轻而易举得来的东西，很可能价值不大。著名军事专家金一南有一句座右铭：做难事必有所得，做容易的事往往是重复。

如果说，教师专业成长可以走捷径的话，专业梳理就是捷径；如果说专业成长有秘诀的话，专业梳理就是秘诀。教师如果能捅破专业梳理这张窗户纸，通往成长的路就是一条金光大道。

二、微课题成果的梳理内容

每个教师开展的微课题题目、内容、形式、时间长短不同，成果的梳理表述形式与策略也不同，自然梳理表述的方式方法也是多种多样的。通常微课题研究成果的梳理内容主要包括以下几个方面：

1. 研究报告：课题研究报告、调查研究报告。
2. 教育论文：教育经验论文、教育理论论文、班主任经验论文等。
3. 教学法：教学法（模式）、教学风格（特点）、教学设计。
4. 教育叙事：故事＋评析、案例＋反思。
5. 教育随笔：教学反思、教育日记、杂谈、一事一议小论文等。

6. 教育专著。

总之，每个教师都必须从自己研究的课题实际出发来确定自己的梳理表述方式。

三、微课题成果的梳理误区

1. 赶时髦，跟人走。教学论文写作中选题一窝蜂的现象相当突出。所写教学论文能走在教科研的前沿当然是好事，但是对于处在教学第一线的教师来说，不要往这方面去挤，重要的是自己的实践，要根据自己对教育教学中存在的问题的认识和进行改革的亲身实践，总结出有个性的经验，设计有特点的教学方案。我们可选择一个符合自己特长的题目，切口要尽量小一点，对它作些深入、系统的研究，才有可能写出有一定价值的论文。朱永新教授认为："中小学教育科研应该从记录教育现象、记录自己的思路开始，把这一串串的'珍珠'用教育理论串起来，那就是一条非常美丽的项链。"

2. 观念旧，无新意。一篇文章有没有价值，全在一个"新"字，教学论文也是如此。一篇教育教学论文，如果没有新意，即使观点非常正确，材料绝对真实，语句相当流畅，也不算是一篇优秀论文。新意主要包括这样四点：

（1）观点新，提出了一个与众不同的、深刻的、有现实性的观点。

（2）方法新，介绍了一种新颖独特的、操作性强的、能够让人借鉴的教学方法。

（3）材料新，从你自己的实践中选取了真实而典型的材料来验证某一种新观点或新方法。

（4）角度新，从一个独特的视角来论述问题。

一篇教学论文不可能在以上四个方面都是新的，但至少要有一两点是新的，如果毫无新意，那绝对不是一篇有价值的教学论文。我们写文章时，首先要扪心自问：我的论文哪一点是有新意的？如果自己也觉得没有新的地方，那还不如趁早放弃。

要想写出有新意的教学论文，首先要了解自己所研究的那个领域，看看人家对此已经有了什么研究，研究到了什么程度，而从来不看别人的教学论文，喜欢闭门造车的人，就像做生意不了解行情一样，是不可能成功的。写教学论文须尽量兼顾这样两方面：一是实践意义，即在教学实践中有积极的作用；二是研究意义，即在理论和实践上有新的突破。

3. 太虚化，欠实在。我们教师撰写教学论文应侧重于实践性和应用性。所谓实践性，是指它必须来自实践，服务于实践；所谓应用性，是指别人看了你的论文可以把里面的一些具体方法应用到自己的实践中去，或者可以借鉴。因此，评价一篇教学论文，非常强调可操作性。如有一位老师对"评价"进行了研究，在考卷上添上三横，第一横写知识点的成绩，第二横写学生阶段学习态度，第三横写学生阶段学习能力进步情况，最终他写了一些操作性很强、很有价值的论文。

4. 抄别人，缺自我。撰写教学论文，也需要有一定的教育教学理论，以提高文章的品位和深刻性。只有实践过程，没有把它上升到理论高度的文章，严格地说，还不能算教学论文。但是运用理论，并不等于大量抄袭。把实践上升到理论高度，也并不等于生硬地套上一些理论的帽子。

教学论文的可贵之处在于一个实，在于有自我，有个性。实就是从实践出发，把它上升到理论后，再指导实践，为实践服务。有自我、有个性就是应该能表达自己的观点，自己的实践为文章的主体。别人的理论再多，即使都是当代最先进的，也还是别人的。

5. 没梳理，不缜密。有些教学论文，有新意，内容实在，也有一定的可操作性，粗读觉得不错，可再细读，发现语言上的毛病不少，或表达不当，或语句不畅。这种文章，有位编审曾这样比喻：就像一个姑娘，远看，身材苗条，楚楚动人，可走近仔细一看，五官不正，雀斑甚多。

四、微课题成果的梳理策略

（一）写自己的东西

荒了自己的地而种了别人的田，是教师梳理微课题研究成果时容易出现的现象。即本来自己做了很长时间的研究，也有很好的实践研究素材，却放下这些很鲜活的内容不去梳理提炼，而是去研究别人书本上的大理论。一开始写作就去求助网络搜索，找一大堆的名词概念和名家言论，然后东拼西凑一些教育理论素材，显然这是不合适的。

"好文章不是写出来的，而是做出来的。"梳理提炼研究成果确实需要借助一些理论，但还是应以写自己的东西为主。即对自己研究的问题与现象去粗取精、去伪存真、去枝留干、提纲挈领，从中发现规律。教师不要迷信名家和理论，高手在民间，要相信自己的感悟和体会更真实。所以教师要"用我手写我心"，写出自己的感悟和体会。这样可能少走弯路，不走歧途。

（二）学会梳理提炼

在微课题研究中，很多教师做了大量默默无闻的工作，也收获了许多诉说不尽的感悟和认识。但从事研究的教师，不能很好地把握"精"，也就是不能精当准确地总结和提炼自己的研究成果，这真是很遗憾、很可惜。从《成果申报表》的填写，就能看出一定问题：有些教师本来做了大量工作，但要么把方案的内容原封不动地搬到成果表上，要么把自己所知道的教育理论都列举出来，要么把"提高了课堂教学效率""提高了教师素质""提高了学生的学习兴趣和学习成绩"之类的口号式的语言都罗列在一起……所以教师要学会梳理提炼。

教师在梳理表述研究成果时，面对一大堆的感性材料，不能眉毛胡子一起抓。这就需要梳理，而要梳理首先就要学会归纳概括、浓缩、提纯，提炼出本质属性，找到规律。

下面介绍几种梳理提炼方法。

1. 数字概括归纳法。这是指将那些复杂繁多又抽象的内容用数字概括归纳一下。这样的梳理提炼，言简意赅。如魏书生对自己的教育思想和教学经验的梳理与表达：

一个核心——育人；

二个原则——民主与科学；

三个统一——社会本位与以人为本的统一，传统教育与现代教育的统一，主体思想与发展思想的统一；

四个关系——人和社会的关系，人和工作的关系，人和他人的关系，人和自我的关系；

五个支柱——以培养自学能力为宗旨的学科教学论，以培养自我教育能力为宗旨的班级工作论，以学会学习为宗旨的学习方法论，以养、教结合为宗旨的家庭教育论，以规则与威信相结合为宗旨的学校管理论；

六步教学法——定向、自学、讨论、答疑、自测、自结。

再如山东昌乐二中课堂教学有效性研究的"271高效课堂模式"，即：将课堂45分钟按照2∶7∶1的比例划分，要求教师的讲课时间不多于20%，学生自主学习占到70%，剩余的10%用于每堂课的成果测评。这就是将具体的目标用数字来表示。

2. 关键词、短语或句子浓缩法。在梳理教学经验的过程中，为了方便记忆，更能立体形象地呈现成果，并更好地宣传和推广成果，往往将一些研究过程中的理念、内容、原则、规范、制度及活动成果等浓缩概括为简练的短语或句子。如几位特级教师对自己的教学风格作这样的梳理表述：钱守旺的"稳中求活　活中求实　实中求新　和谐自然"；王开东的"三有六让"，"三有"即有趣、有情、有理，"六让"即目标让学生清楚、疑问让学生讨论、过程让学生经历、结论让学生得出、方法让学生总结、练习让学生自选；于永正的"五重"，即重情趣、重感悟、重积累、重迁移、重习惯，简称"五重教学"。

3. 大小标题梳理表述法。在梳理教学经验的过程中，可利用大、小标题进行归纳概括。这种做法类似列提纲，通过大、小标题把梳理的内容打起框架，整理思路。如辽宁包全杰的"循序作文"教学法从八个方面梳理研究成果：（1）一个核心；（2）三个阶段；（3）六步训练；（4）构建"自能作文"的课堂教学模式；（5）从读学写，构建"自主学习"的语文阅读教学模式；（6）开展课外读写活动；（7）作文与其他学科教学相结合；（8）成果显著。

4. 分类梳理法。物以类聚，人以群分。通过分类可以很好地梳理提炼教学经验成果。如学校的德育工作博大精深，内容太多了，这就可以从最基础、最能影响学生未来发展的品行抓起，而着力于学生学习、生活、做人的三大习惯的培养。为了方便教师操作，还可以把三大习惯的培养再分类细化成更多方面的具体要求。

五、微课题成果梳理写作方法

（一）怎样撰写微课题研究成果报告

什么是研究报告？研究报告是对整个研究过程的总结。通过阅读研究报告，人们对你的研究会有一个全面系统的了解，从而为他们评判、接受或应用这一研究成果提供依据。

研究报告必须做到客观地反映研究的全过程，结论要根据实验材料的整理、研究数据的统计得出，绝不允许作者依靠个人好恶和需要，主观臆断，妄下结论，更不允许弄虚作假。

研究报告虽然没有很严格的统一格式，但一般都包括以下几项内容：

1. 标题。标题是对一篇研究报告核心内容的高度概括和提炼。标题的提炼要简明扼要，直接反映所研究的对象、范围、方向和问题。如课题主要研究的是"如何有效利用学生错误资源"，用"有效利用学生错误资源的初步研究"便比较切题，直接反映所研究的对象、范围和方向。而用"初步研究"

既表明研究的阶段性，又给自己留有回旋余地。

2. 研究目的。通常研究报告的第一部分写研究目的，或称问题的提出。这是研究报告的正文开头部分，这一部分应表达以下几层意思：(1)本课题研究的背景；(2)研究的目的和意义；(3)研究的理论依据和所要解决的问题等。注意这一部分内容的表述应开门见山，文字要简洁明了，字数不宜太多。

3. 研究过程与方法。研究过程与方法是研究报告的主体部分，这一部分的介绍一般按照课题研究过程的时间顺序和进展情况——展开，主要内容包括：(1)主要概念的界定和有关名词的解释；(2)研究对象的选择与确立、实施措施及变量的控制等；(3)概述研究过程及主要做法；(4)研究的主要特点。这一部分内容的表述要条理清楚，交代明确，要让别人了解课题研究成果是在什么情况下，通过什么途径和方法，采取什么有效措施得来的，以便于别人借鉴。

4. 研究成效。研究成效这一部分是研究报告的重要部分。它是对研究所取得的实际工作成效进行统计、分析、处理后的结果，以及由此而推导出的结论。这部分的撰写要注意以下要求：(1)注意研究结果的客观性和准确性。要以陈述事实为主，以准确无误的数据资料说明问题，不应夹杂前人或他人的研究成果，也不应外加研究者的主观议论和分析，确保研究结果真实可靠。(2)定量与定性分析相结合。对数据资料，不仅要严格核实，注意图表的正确格式，而且要采用一定的统计分析技术，从数量变化中揭示出所研究事物的内在必然联系，而不是对事实进行简单罗列。(3)资料翔实，层次清晰，前后连贯，文字准确简明。

5. 结论。结论是基于对研究所收集事实材料的客观分析、比较、综合、归纳，应严谨、科学、合乎逻辑地论证与判断，切忌夸夸其谈，任意引申扩大。这部分主要是对研究效果进行分析、评价，说明可以肯定的是什么，问题是什么，需要继续深入探讨的问题是什么，建议是什么等。

6. 参考文献与附录。参考文献与附录在研究报告正文的后面，它能使读者明确报告中直接提到的或引用的资料来源。所列文献目录应写明：作者姓名、书名或论文题目、出版社名称或杂志名称、出版时间或期号。附录的内容主要是本课题研究中关键的原始资料，如测试表格、课题研究方案等，目的是让读者对整篇报告能有更清晰的认识。

（二）怎样撰写微课题成果调查报告

调查材料整理结束后，对于所调查的事实应当加以分析，探寻其优点和缺点及原因所在，说清楚，下结论，然后提出改进的意见或措施。下结论是综述现在的实际情况，提建议是筹划将来的发展。

微课题研究调查报告的撰写没有固定不变的框框。按其结构，主要有以下类型：

由三部分组成：前言（或引言）→正文→结论与建议；问题提出→调查方法→结论与分析。

由四部分组成：调查目的→调查方法→结果与分析→建议。

下面结合第一种类型，具体谈谈调查报告的撰写。

1. 标题。一般通过简练、确切、鲜明的文字概括全篇内容，点明被调查的范围。常用的写法有三种：一是类似文章标题的写法，如"中小学科学教育的现状分析与对策建议"；二是类似公文标题的写法，如"农村中学数学教学情况的调查报告"；三是用正副标题的写法，如"中学生呼唤'七色阳光'——对中学生'厌学'问题的调查与思考"。

2. 引言。这部分内容主要说明调查的目的、任务、对象、范围，交代调查的时间、地点和方法等，使读者对调查报告获得总体认识。在撰写中要紧扣主题，开门见山，简明扼要，提纲挈领。

3. 正文。正文是调查报告的主要部分，也是关键部分，是调查报告得出结论或提出建议的根据。这部分要把调查获得的大量资料经过分析整理，归纳出若干项目，条分缕析地叙述出来。要做到数据确凿、事例典型、材料可靠、观点明确。为了增强形象性，使人一目了然，对一些数据要尽可能用图表表示出来。写作方法大致有以下几种：

（1）按调查的顺序逐点来写；

（2）按调查的单位或按事情的产生、发展和变化过程来写；

（3）将调查的材料进行统计，制成统计图表，按统计图表来叙述和分析；

（4）将两种不同事物加以对比，以显示其是非优劣；

（5）按内容的特点，将事物分成几部分，逐个进行报告，这种安排最常见。

4. 结论与建议。经过正文的介绍和分析，自然会导出结论和建议。结论必须是对调查材料经过深入慎重的科学分析进而进行的合乎逻辑的推断，切不可主观臆断；建议也要以调查和分析为依据来提出解决问题的办法。

（三）怎样梳理撰写教学经验论文

纸上得来终觉浅，绝知此事要躬行。教学经验是教师的一笔宝贵财富，因为它是教师真实的体验，是有生命温度的；它还是一座有待开发的矿藏，教师梳理撰写教学经验论文的过程，就是开发这座矿藏的过程。

1. 要写自己熟悉的内容——教学经验论文。

什么是教学经验论文？反映教师教学经验的文章形式有很多，如教学改革经验总结、教学随笔、教材分析、教案与教学实录、教学心得体会与经验介绍、习题分析等，但这些还不能都说成是教育教学经验论文。教育教学经验论文是对实践过的工作的概括和总结。每个从事教学工作的教师，在长期实践中都有不少成功的做法，能悟出一定的道理，形成一定的认识和观点，若把这些感悟上升到理论高度来总结，并写出来，就是教学经验论文。

教学经验论文写什么？其实这不应该问别人，应该问教师自己，你的优势是什么？什么是你最熟悉的？写你自己熟悉的内容最容易成功。

教学经验论文不只是对过去工作的回顾和总结，更要借助于有关材料和论文，对经验进行分析加工，上升到理论高度，反映教育规律，使之有普遍的指导意义。

中小学教师工作在教学第一线，有丰富的实践经验，撰写经验论文具备得天独厚的有利条件，所以中小学教师和管理者撰写此类文章比较多。在全国发表中小学教师教学经验论文的刊物也很多，如《教育教学论坛》《小学数学教师》《小学语文教师》《中小学教学研究》《小学教学研究》《中小学音乐教育》等。

2.教学经验论文高于工作总结。

一个学期或学年结束，学校领导总要布置教师写各种工作总结，如教学工作总结、班主任工作总结、少先队工作总结等等。有的教师在参与论文征集时，会把自己的工作总结直接交上去。可是往往不是退回来，就是石沉大海，杳无音信。为此，许多教师十分困惑。可以肯定，有些工作总结如果用心梳理修改，可以转化成很有价值的教育教学经验论文，但大部分的工作总结却达不到这样的标准。

首先，从选材的范畴和侧重点看。工作总结比较全面，甚至有些面面俱到，因为无论是教学工作总结，还是班主任工作总结，乃至少先队工作总结，都要比较全面地汇报自己的工作；而教育教学经验论文往往不需要面面俱到，虽然它也是来自教师的实际教育教学经验，但它一般只选择经验中最具价值的核心内容作为侧重点，范围要比工作总结小得多。

其次，从研究问题的角度和深度看。工作总结注意的是面，内容自然就浅显一些，多数情况下说清楚问题是什么就可以，很少说为什么；与之相反，教育教学经验论文因为研究的问题相对集中，即以小的角度研究大的问题，因此问题研究得比较深入，在研究教育教学现象时，教师不仅要写清楚问题是什么，还要说清楚产生问题的原因及解决问题的方法。

再次，从写作要求看。工作总结从文字和文章结构上看，要求不是十分严格，有些老师的工作总结基本是流水账；但教育教学论文一定要有逻辑性，从标题、字词、论证、分析上看，相对比较严谨，而且需要适当引入一定的教育理论来分析说明问题。

最后，从写作的结果和价值看。工作总结多数情况仅限于本校工作汇报，而这种经验和做法仅限个人，在更大的范围不一定是适用的；而教育教学经验论文已经把一般的教学经验，提炼上升到了理论的高度上来认识，能反映一定的教育教学规律，因而具有一定的推广性和示范性。

综上所述，我们不难看出，教学经验论文在很多方面都要高于工作总结，是特别值得推广的一种写作梳理模式，但教学却不能仅凭经验。一方面，教师个体自身的经验，都是特定的教学环境下的产物，具有必然的局限性。而教学活动的主体是活生生的学生，随着时间的推移，学生的生活经验和社会经验势必发生一定的变化，这时教师过去的成功经验也许就不再那么切合时宜了，因此还需要教师在教学实践中对原有的经验不断进行修正。

3. 撰写经验论文的误区。

（1）文题偏大，中心不突出。写好论文最重要的一点是围绕一个中心立题，哪怕是一得之见，也要写深写透，以小见大，以微探宏，这样才能使他人受到启迪。而写论文最忌贪多求全，中心多，题目大，范围广，内容空，篇幅冗。有的教师写论文把自己平时想的、做的，不加选择和提炼一股脑儿地写在文章里，因而造成文章臃肿冗长、空泛零乱。

（2）观点陈旧。具体表现为：所研究的问题都是别人论述过多遍的。并不是说别人已经论述过的论题不能再论述，但若所写出的论文角度不新，人云亦云，没有自己独到的见解，便是没有什么价值的。

（3）经验不突出，观点不明确。教育经验论文就是要阐述和说明自己的实际经验和理论观点。但一部分老师的论文，既谈不出典型经验，又谈不出明确的理论观点，这就失去了论文应有的价值。造成这种情况的原因可能有两个：一是教师原本没有什么经验可谈，教学工作一般化，自然也就谈不出什么；二是有经验，但作者对研究的问题缺乏深层次的思考，对经验缺乏概括归纳。

（4）叙事多，堆积材料多，缺乏理性思考。有的老师撰写论文，从头至尾满篇罗列事例，不厌其烦地叙述一些具体操作，介绍了一个又一个事例，没有归纳概括，没有分析论证。这就如同把石头、砖、瓦块零乱地堆砌在一起是绝对盖不成楼房一样。

大量感性素材的堆积，说明作者对其研究还停留在感性认识阶段，即停留在感觉和印象上，还不能从中归纳出规律性的东西，还不能形成深刻的认识，不能得出合乎逻辑的结论。所以这些文章不能称为成功的教学经验论文。

（5）思路不清，层次不明。文章结构就是文章的框架，它反映文章的层次段落和思路走向，决定文章是否严谨、是否具有逻辑性。有的教师撰写论文不能合理安排文章的层次和段落，往往导致文章叙述拖沓、枝蔓不分、序号繁杂、层段难辨。

4.撰写教学经验论文的常见形式。

教学经验论文的写作方法是多种多样的、不拘一格的，为了帮助老师写好此类文章，这里介绍几种写作形式，以供大家参考：

（1）递进式。这是各个分论点扣紧中心论点，逐层递进，向纵深发展的结构形式。这种形式符合人们认识事物总是由浅入深、由表及里的思维方式。比如想谈谈"怎样指导学生列作文提纲"，结构形式可以是：循序渐进，抓好坡度训练；提高要求，提升提纲质量；开拓思路，组织学生评论；重视反馈，反复修改提纲。

（2）并列式。这是一种各层内容之间是并列关系的结构形式。比如想分享"高效数学课堂教学的'五个一'"，结构形式可以是："读一读"，激发学习兴趣；"试一试"，培养探究能力；"想一想"，开发思维水平；"议一议"，指导合作交流；"做一做"，训练动手实践。这"五个一"之间是一种并列关系。

（3）总分式（或分总式）。先总起说，然后分开说，第一层和以后几层的关系是总分关系；或者，前几层先分开说，最后再总结说，前几层和最后一层关系是分总关系。比如魏书生老师谈"学生自学能力的培养"的结构形式：

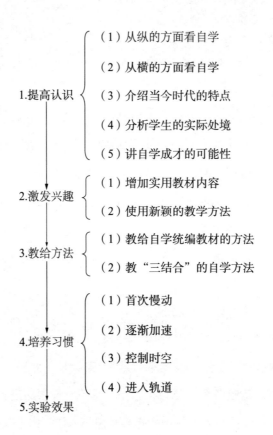

教学经验论文的写作方法是不拘一格的,只要教师用心、勤奋,多进行写作实践,一定能写出好文章来。

关于怎样写好叙事研究,前面已经介绍过,这里不再赘述。

教师梳理表述研究成果要敢写与常写相结合。开头难,头难开,没有第一次就不可能有第二次。没有第一篇论文,就没有第二篇、第三篇论文的产生。纸上得来终觉浅,绝知此事要躬行。教师对于专业写作要敢于实践——敢写,同时还要持之以恒——常写。这样的坚持,使你想不成功都很难。

第十六章 如何做好研究成果的推广与交流

一分耕耘，一分收获。老师经过一番努力，把微课题研究成果梳理出来，写成了案例、论文或研究报告，那么，这些研究成果该到哪里去发表交流？又该怎样去推广应用呢？

这里笔者（此处指徐世贵——编者注）先谈谈自己"发表第一篇文章"时的感受。

笔者撰写的第一篇文章是哪一篇已记不清了，但发表的第一篇文章却记得很清楚，乃至终生难忘。因为这种东西被称作处女作，人生中第一次把自己龙飞凤舞的手写文字，变成规规矩矩的铅字，让那么多人去看、去欣赏，能不激动嘛！

我发表的第一篇文章的题目是"幼儿的手指运动与智力开发"，1982年10月发表在《辽宁教育》的第10期。当得知第二天我撰写的文章即将发表时，激动的心情让我彻夜难眠，躺在床上，翻来覆去地想，我拿到杂志时会是什么情景，这件事我都要告诉谁，要不要找同学庆贺一下……

第二天，我终于把还充满着印刷油墨香的那期杂志拿到手里，那种激动的心情是难以形容的。从此我的写作便一发不可收。至今我仍不能忘记当年编辑这篇文章的张国祥老师，是他的赏识和鼓励，让我有了信心，因此能在教育科研这条道路上孜孜不倦地走下去。也是从那以后，我们俩成为了挚友。

当时为什么会写这样一篇文章呢？这是有其理论和实践基础的。从理论上看，当时我先是在学习儿童心理学时发现了"儿童的手指运动与大脑发育和智力发展的特殊性关系"这个课题，而后我查阅了许多相关的资料，对这个课题有了更深的了解和认识。从实践上看，当时我的孩子刚好两岁半，处在智力发展的关键期，客观上我也想在这个方面了解更多的东西，没想到这一尝试让我大有收获。后来我还把这篇文章压缩成一篇小文章寄给了《妇女》杂志社，很快也登出来了。

有人说，失败是成功之母，其实，成功更是成功之母。因为成功更能调动人的潜质，更能激发人的兴趣、勇气和信心。

首战告捷，从此我开始疯狂地写。于是有了全国20多家报刊、广播电台发表、播出我写的文章。有时，我还被聘请为"专栏"的特约作者。

当然，做任何一件事都不可能是一帆风顺的，在我的投稿过程中，也伴随着许许多多的退稿事件的发生。文章发表当然高兴，但是见到退稿，也会很沮丧，特别是在同学面前很没面子，但是我从没退缩过。从一篇篇论文的发表，到一部部著作的出版，我现在共发表论文几百篇，出版教育著作60多部。就这样一路走来，到现在，我每天都笔耕不辍。

一、让微课题研究成果派上用场

其实有相当多教师的微课题研究成果十分有价值，值得大力推广。然而许多教师展示推广课题研究成果的意识和方法都不足，致使这些研究成果未能让更多的人受益。教师既要重视课题研究，也要重视成果的推广应用。教师应切实做好课题成果的推广，充分发挥教育科研的效益。

成果的发表，社会的认可，对教师自己是最好的激励。有位教师说："我第一次投稿时只是把自己的比赛课教案整理了一下，一个是完整的一节课的教学感想，一个是教学片段。我投寄了两篇，谁知道我这么幸运，等我就快忘记了这件事时，我竟先后收到了两个杂志社的录稿通知书，通知我稿件已被录取，不要再作它投。一切是那么顺利地开了个好头！这件事对我起到了激励的作用。"

二、怎样推广与交流研究成果

推广与交流研究成果的方式方法有很多，如成果报告会、现场观摩会、成果展示会、成果推广经验交流研讨会、录像、文献资料的学习、培训指导等多种形式。用什么形式推广与交流研究成果？常见的推广与交流方式有下面几种。

（一）现场展示

现场推广是以课题研究单位为现场，组织有关人员进行现场观摩来推广研究成果的一种形式。现场展示推广的途径与方法是多种多样的，可以根据课题的内容或性质，根据学校的条件，选择适合自己的途径与方法。以下是一些常用的展示途径与方法：

1. 召开现场会。

召开现场会是推广与交流研究成果的一种较好的形式。它可以集现场成果观摩、经验介绍、课题研讨、专家评点、领导讲话、提出要求于一体，既是研究成果的推广与交流会，也是推进科研活动的工作会。

2. 课例展示。

体现微课题研究成果的课堂教学一向是最具说服力和最受教师欢迎的。

因此，许多教师的微课题研究都是体现在课堂上。如"五步导学法下的小组合作学习""小学英语快乐学习快乐游戏"等成果就应该以课堂教学课例展示的形式进行推广。

一般这种教学课例展示活动可以安排四个环节。第一个环节是看课；第二个环节是课题承担者介绍研究成果经验；第三个环节是专家点评推介；第四个环节是大家研讨交流。

3. 成果介绍。

学校教科研成果推广现场会的召开是学校教科研工作的重要组成部分，由学校领导（校长室和教科室）直接负责召开。对于在推广会上交流、分享的课题成果，学校教科研领导小组要认真进行筛选，选择典型成果。在选定进行交流推广的教科研成果获得者后，要督促其认真准备，并印好交流材料，做到人手一册。要有目的、有重点地推广教科研成果的价值、效果、操作方法、评价等方面的信息，以便引起广大教师对成果的关注，产生接纳的想法。

课题成果展示的内容一般应包括"做了什么课题""这个课题是怎么做的"和"课题的成果有哪些"这三个方面。尤其是在展出"成果"时，不能忽视"过程"，要让其他人看了成果展示后能够知道自己以后可以如何做。

4. 资料展示。

课题研究资料是课题研究活动的记录。它的收集与整理是课题研究工作的一部分，对于初次参与课题研究的人员来说，也是一项全新的工作。为了真实再现所推广成果的研究过程与成效，课题组按成果资料（包括研究报告、理论成果、实践成果等）、申报资料（包括研究方案、立项评审书、立项通报等）、研究过程资料（包括阶段性研究计划与总结、年度检查报告书、每阶段的学习记录、研究活动记录、各种活动通知、方案、结果等）进行整理建档，并在推广会上现场展示。每次的推广活动都要专门安排一定的时间让与会者进行观摩。资料展示不仅增强了课题研究成果的说服力和感染力，而且是对课题研究人员认真负责的工作态度、严谨治学的工作作风、不断学习和勇于探索的精神的综合展示，起到了很好的示范作用，对正在进行课题研究的观摩者来说，也是一次现场学习如何收集与整理课题研究资料的机会，起到了较好的示范和推动作用。

论文和书籍是理论化的课题成果，通过这种形式不但展示了课题的研究成果，而且提升了教师对课题成果提炼、表达的能力，促进了教师的专业成长。

（二）专题研讨

通常教育局等教育行政部门，每年都要召开各种形式的教育教学、管理等方面的经验交流会、总结会、专题研讨会，这是教师教研交流论文的一次重要机会。通常经验交流会以经验介绍为主，以自我总结的经验材料为主。但是如果你能运用理论，将经验进行一番理论分析，再写成论文，那么一定会受到重视和欢迎。

专题研讨会同经验交流会有所不同，它往往要围绕一个专题进行研讨，如"教书育人""班主任工作""语文教学""地理教学""校长负责制""新时期少先队工作"等主题。这样可把自己写的论文纳入到这些专题研讨会里进行交流。一般的专题研究会，都带有探讨、研究性质，因此"论"的方面要加强。

（三）学术交流

目前，县、市、省乃至全国都成立了教育学会、心理学会、班主任研究会、美育研究会、家庭教育研究会等研究机构。各个学科也有专业研究会，如语文教研会、数学教研会、外语教研会等等。这些研究会都是学术研究团体，是专为研究各种学术问题，交流论文而成立的，教师可充分利用。

通常按学会或研究会的章程的规定，交流论文人员应加入学会，成为其组织的成员。教师可根据专业、专长和兴趣爱好加入相应的学会。

一般学会和研究会大约两年召开一次年会。在每次召开年会前，都会下发征集论文的通知，提出有关论文的内容、范围、形式、文字和时间上的要求。教师可以根据征文的通知精神、相关内容去撰写论文。当然，如果平时已写好论文，并符合征文条件，就可直接呈报给学会和研究会。

学会和研究会是教师交流论文、发表见解的重要渠道，一般对论文的要求不像教育报刊那样严格，另外交流的数量也较大，因此教师不应错过每次年会的时机。

提交到年会的论文如果篇幅长，应该对全文归纳出要点，在正文前列出提要，以供评审人员阅读时抓住要点。交流论文时需要作者在年会期间宣读。宣读论文十分重要，论文写得好，更要宣读好，才能使好的论文内容被人理解和接受；反之，宣读不好也会影响论文交流的效果。

每次年会交流的论文很多，时间又短，所以每个人宣读论文的时间是有限的，需要教师在有限的时间里把自己的研究成果呈现出来，这就要有一番处理技巧。一是以讲要点为主，适当穿插自己的做法，最好不要照文宣读。二是宣读论文要大胆、有勇气、有信心。宣读论文不可唯唯诺诺、战战兢兢、吞吞吐吐。既然让自己陈述观点，就应有信心，把自己最精彩的东西亮出来。三是宣读论文要谦虚，所谓谦虚就是欢迎同行和专家对自己提出的观点有质疑，必要时也可以进行答辩。

（四）网络推广

网络现在已经成为推广教育科研成果的一个重要平台。在网络上推广教育科研成果大体有三种：一是利用教育网来推广，即把一些优选出来的微课题研究成果上传在教育网上，供老师来学习借鉴。二是建立课题研究博客来推广。在这个博客里，设立课题管理制度、课题研究活动信息、课题检查评比、课题成果评奖、课题立项、课题研究报告、课题研究方案、课题工作总结、课题研究活动安排、课题研究工作辅导等栏目，并上传课题研究的有关制度、典型课题研究方案、课题研究工作辅导以及课题研究方面的重大活动与重要信息等。三是建立QQ群来推广。对于市、县或区域性的课题都要求建立QQ群来及时交流工作、通报信息、推广阶段性成果等。

（五）评比活动

目前县市级教科研成果评比有两类。一类是县市教育局教研室组织的每年一次的教学、教研论文评比，这种评比分五大类别，即小学（幼教）、初中、高中（职教）、教科及其他类，其中小学（幼教）、初中、高中（职教）又分各学科论文进行评比，教科类主要指课题论文，其他类指德育、管理等论文。每年参加市级论文评比按指标分配推荐名额，获奖率在30%左右，这一评比活动正在逐年规范。县级教学、教研论文评比基本上参照市教育局教研室的评比方式，每年评一次。在县市获二等奖及以上的教学教研论文，学校应予在校刊上转载，作为学校教科研成果予以推广。另一类是县市教科研规划课题论文的评比，获县市二等奖及以上奖项的课题论文，校刊应予转载，并让课题负责人介绍、推广课题成果。另外，学校还应积极参与县市组织的教学成果奖评比活动，这是第二层次教科研成果奖（属较高层次的奖项），一般在县市一等奖的教学、教研论文和县市二等奖课题成果中产生。对于获县市级第二层次教科研成果奖的教师，应让其在县教科研大会上交流经验，并由县教科室将成果材料装订成册，在全县范围内推广，并向各兄弟县市邮送，进行交流推广。

（六）刊物发表

校刊和简报是推广学校教科研成果的主阵地，是学校教科研建设的重要内容。学校校刊创办的定位可以灵活多样，可创办面向学生的刊物，也可创办面向教师的刊物。校刊可每学期出一两期，内容上可设一些固定栏目：1.学校教科研活动信息的报道；2.教师课题研究过程中相关论文的选登；3.教师在报刊上发表或在上一级论文评比中获奖的论文的选登；4.本校师生作品选。

利用正式刊物推广本土研究成果也是一种常见方式。如果能在省市或国家级刊物上发表科研论文，则说明其教科研成果推广范围广，价值高。目前，我国有各级各类的教育刊物几百种，还有一些教育类报纸。这为广大的教育工作者提供了学习、交流和发表文章的广阔园地与平台。

教育刊物对文章质量要求比较高，特别是一些学术性较强的教育刊物，发表一篇论文比较慎重，教师对此应有所了解，在文章质量上要多下功夫。

不同级别的职称评选，要求有不同级别的刊物发表文章。一般情况下，初级、中级职称评选，要求是省级以上刊物；而副高级和正高级职称，则对刊物有更高的要求，通常要求其中一篇论文要发表在正规核心期刊上。

向教育刊物投稿，要注意这样几个问题：

1. 明确投稿的方向，以提高录用率。文章写好后，在准备投送刊物编辑部之前，还应根据稿件内容，去了解刊物的用稿特点。首先要注意的是把握好投稿的时机。机不可失，时不再来，时效性是至关重要的。如高考复习指导、教材教法分析、解题技巧辅导等方面的文章，一般要有足够的提前意识才能配合教学进度。其次要注意"门当户对"与"投其所好"，投稿要能够正中编辑下怀。因此要用心研究各类专业报刊的宗旨和风格，以及栏目特色和近期组稿重点，尽量从已发表的论文中揣摩编辑的"口味"，杜绝投稿的盲目性。如有关教材教法等适合教师阅读的，就要投向教师刊物；有关学生学法指导等适合学生阅读的，就要投向学生刊物。

2. 从自己的实际水平出发，眼睛向下，紧紧盯住自己最贴近、最熟悉的期刊"钻空子"。初发稿件，暂且不必向门槛高、通道窄的权威期刊"进军"。一般情况下，新辟栏目投递稿件的作者比较少，因而向有此栏目的有关刊物投稿，采用率就比较大；给缺稿件的栏目撰稿，稿件被采用的可能性也很大。如果能受到行家的认可予以发表，自己则进行了一次成功的尝试，写作热情会更高，信心也会更强。但如果文章不尽如人意，受到一点挫折，就灰心丧气，甚至就此搁笔，那将是十分可惜的。要坚信这样一句话：多写点，少写点，多少写点；早发表，晚发表，早晚发表。

3. 射箭要对准靶子，产品要试销对路。同样，论文写出来，投向何处，也要选准对象，否则文章写得虽好，由于投的对象不对，也不能被采用。比如，你写的是厚重的教育论文，却投到综合性教育行政刊物上，采用率就极低。如今各种教育刊物琳琅满目，令人应接不暇，这就需要辨别，从而找到最合适的"用户"。

怎样找到合适的"用户"呢？这首先要对"市场行情"有所了解。目前我国教育刊物大体可以分为以下几大类：

（1）由教育科研部门主办，层次较高、学术性较强的教育刊物。如《教育研究》《课程·教材·教法》《教育理论与实践》《班主任》以及众多师范院校的学报等。

（2）由国家教育部、省教育厅等行政部门主办的综合性普及刊物。如《人民教育》《上海教育》《北京教育》《辽宁教育》等。

（3）由学术团体、教研部门办的各科教材教法和其他教学研究刊物。如《语文教研》《化学教学》《思想政治教育》《物理教师》《中小学数学教学》等。

仅仅了解各类刊物还不够，对每个刊物开设的栏目还要有所了解，看一看这些刊物都辟有哪些栏目。如《课程·教材·教法》辟有"教学改革与实验""教学理论与方法""中小学各科教材和方法"等栏目；《辽宁教育》辟有"思想教育""教育论坛""教育改革""教法研究""班主任"等栏目；《语文教学之友》辟有"教材与教法研究""写作教学""教学论坛""阅读与欣赏"等栏目。这些栏目范围广泛，选准了刊物，又对刊物的栏目有所了解，就可以决定将文章投向何方，争取"对号入座"。

显而易见，教师要想对诸多教育刊物做到充分了解，前提条件是要大量阅读，敏感地掌握教育刊物的信息，这样才能做到有的放矢。如不掌握各类教育刊物的情况，不仅会错投对象，还容易造成文章的重复，即你所谈的问题，刊物已发过了，一般情况下，就不会再用你的文章了。

为了争取文章发表机会，要多与编辑沟通。有的老师是这样的：写好了一篇文章，投给了某刊物，然后左等右等，不见录用；然后再写，再投，再等……如此循环。要避免此种情况的发生，办法只有一种，那就是要加强与编辑部的联系，主动与编辑老师进行沟通。具体来说，就是一篇文章寄出去一段时间以后，就可与编辑部进行联系，了解审稿的进展情况，同时及时向编辑老师进行具体阐释，才有可能获取对文章进行修改的机会。

很多时候,提交到年会上的论文没有被选用,投到教育刊物上的论文石沉大海,杳无音信。遇到这种情况该怎么办呢?

论文没被采用,不同的人会有不同的心理反应。有的初写者,论文写出后十分兴奋,投出去后,常伴随着各种想象,盼望着手稿变成铅字。可是一旦稿件石沉大海,或接到退稿,便心灰意冷(特别是屡遭退稿),从此失去写作和投稿的兴趣;而有的初写者,在得知论文没有被采用之后,虽然也产生一定的失望情绪,但是冷静以后,对自己的文章认真分析,找到失败的原因,花大气力修改,依然充满信心,不怕挫折和失败,锲而不舍,直至最后取得成功。

应该看到,从撰写论文到得以发表,确实要经历一个曲折的、艰难的过程。对此,要有充分的思想准备,更要采取正确的态度。

1. 坚定信念,锲而不舍。

爱迪生说:"世间没有一个有价值的东西,是可以不经过艰苦辛勤劳动而能够得到的。"这是很有道理的。追溯名人成长的脚步,不论是远见卓识的政治家,还是战功卓著的军事家,乃至硕果累累的科学家,他们大都有一个艰苦奋斗的历程,都是经受住了失败的考验,才取得显赫的成绩的,所谓"失败乃成功之母"意即在此。

再则,对于论文不被采用也要辩证地看,一次投稿没中,并不等于以后写的文章都不会被采用。况且失败当中常蕴藏着成功的因素。论文没有被采用,并不等于写作水平没有提高,每一次论文的写作过程对于作者来说都是一次重要的写作训练,这是提高写作水平的必由之路,有了这若干次失败教训的积累,必将为获得成功打下基础,开辟道路。

2. 克服急于求成心理,注意打好基础。

急于求成,是初写论文者容易出现的普遍心理问题。这很容易产生两种不良的结果:一是贪多求快,草率从事,忽视文章质量,将粗糙的东西投出去,这样命中率必然很低;二是期望值高,希望速成,不切合实际,必然失败，这种失败体验容易催生自卑感。

为此，初写论文者要特别注意不要急于求成，要在写作基础训练上下功夫，稳扎稳打，反复推敲，不厌其烦地修改。对自身的情况和写出的论文，要冷静地进行客观分析，既不要盲目乐观，也不能妄自菲薄。

3. 分析原因，在提高文章质量上下功夫。

说失败是成功之母，并不是说失败后一定会产生成功，更不能说成功是失败的必然结果。如果失败后，并不找失败的原因，吸取教训，加以改正，那只会产生再次的失败。撰写论文投稿失败后也是这样，应该思考为什么不能被采用，看到差距，分析不足，再加以提高才有机会获得成功。

分析原因，首先应该分析文章质量上的原因。因为初写论文者提高文章质量是第一位的。文章的质量包括选题是否有价值、是否新颖，论点是否明确、是否开凿得深，结构安排是否合理，论证是否清楚、是否符合逻辑，语言是否精炼严谨等等。要静下心来，冷静地分析不足之处，花大气力修改，或者重写。

有的初写论文者接到退稿以后，不从主观上去寻找失败的原因，而总认为是客观原因造成的，甚至想方设法托人情，想通过关系把文章发表出来。这种想法和做法对提高写作能力显然是不利的。

诚然，托人情发稿的事不能说没有，但这也只能是在条件相差无几的情况下的抉择。正规刊物不会为了照顾人情而刊发劣稿败坏自己的声誉。如果是高质量的论文，只要符合刊物的编发要求，一般是会被采用的。

4. 向有经验的人请教。

初写论文者没有经验，选择、撰文、交流都是在摸索中进行，如同盲人摸象。为了减少那些盲目性的尝试，可以向有经验的人请教，特别是当论文投出屡屡不中时，就不一定非要蛮干下去不可，可以通过书信，或者面对面地请教杂志社的编辑同志，也可请教常发表论文的同志。因为编辑接触的作者多，又亲自约稿、审稿、改稿，他能分析出文章的缺点和失败的原因，并能有效指出今后努力的方向。而常发表论文的作者，虽然获得了成功，但必然也有过或多或少的退稿教训。把他们的经验和教训吸取过来，你就会受益匪浅，从而找到自己的成功之路。

教师发表论文要提防非法期刊。因为根据规定，在非法期刊上发表的论文在职称评审中是无效的。何为非法期刊？说白了就是没有自身 CN 刊号的期刊。新闻出版广电总局官网上有一个期刊检索窗口，凡在检索窗口中检索不到的期刊，便要小心了。

第十七章 执著比方法更重要

搞微课题研究的教师还是很多的,真正见突出成果的却是凤毛麟角,其中不乏浅尝辄止、中途退出的,还有一部分虽然勉强坚持下来了,研究成果却并不理想。真正为科研孜孜以求,不仅能认真做好每项课题,而且一项课题接着一项课题搞下去的教师相对少一些。其实,执著比方法更重要。

一、做课题研究贵在坚持

急功近利,少投入多回报,这是人们常有的一种心理,可以理解。但是做研究工作抱有这种心理是不可能取得好的成果的。做研究周期长、见效慢,不付出是不会有回报的。当然也要相信:世界上无论做什么事情,一分耕耘,一分收获。所有的坚韧不拔迟早都会得到相应的回报。这一点笔者(此处指徐世贵——编者注)有很深的体会,下面就来谈谈笔者的科研经历和体会。

沈阳师范大学副校长关松林在《卓越教师成长之路》一书中写道：近20年来，在辽宁的盘锦和本溪有两颗璀璨的明珠在中国教育的土地上光艳夺目。一位是享誉全国的教育改革家魏书生先生，一位是在全国基础教育界久负盛名的徐世贵先生，他们出生于同一个时代，经历过相似的生活境遇，有过相同的人生诉求，实现着相似的人生价值……

关松林校长对我过誉了。魏书生是当代的教育专家，在教育战线上鄙人仅仅还是个学习者和研究者。不过我的科研经历确实让我有很多感悟。

"生下来就挨饿，上了初中就停课。"我是一个中专毕业生，还是"文革"后期读的。可是经过40多年的努力，如今不仅获得了多项国家、省、市优秀教育科研优秀成果奖，而且出版60多部教育著作，被评为辽宁省正高级教师、特级教师，被东北师范大学等几所高校聘为兼职教授。

是什么能让我走到今天？那就是教育科研！我是伴随着教育科研一路走过来的，是教育科研让我发现了自己、开发了自己，是教育科研引领了我的专业成长，是教育科研让我找到了人生的真谛和价值，是教育科研给我的人生带来了美好和快乐。

1. 微课题研究。我的起步是从微课题研究开始的。特级教师钱梦龙说："人的能力暂时低一些不要紧，但心中的标尺不能低。"对此我有同感。我没有显赫的家庭背景，也没有令人羡慕的高学历。卑微的起点，没有让我沉沦，反而让我痛下决心，卧薪尝胆，今生今世一定要学个样出来，让自己真正成为一个有专业能力的人。

1981年，天赐良机，县教育局送我到省教育学院进修学习，这是我人生中读书学习的第二个春天。我遨游在知识的海洋里如鱼得水，感到无比的快乐。也就在这时，我接触到了心理学、教育学等教育理论，也开始对教育科研产生了浓厚的兴趣。

我学习的这段时间正是我的孩子的婴幼儿阶段，为了研究如何开发孩子的智力，我对儿童心理学更加偏爱，通过查阅资料和思考，撰写了第一篇文章《幼儿的手指运动与智力开发》发表在1982年《辽宁教育》第10期上，这是我有生以来发表的第一篇文章。我欣喜若狂，从此一发不可收。其实这就是微课题研究的成果。"小学生告状与道德评价""考试与反馈""首次感觉与第一印象"……于是我一个接着一个地研究，一篇接着一篇地发表文章。后来又将50个微课题结集，出版了我平生第一部教育作品《教师应用心理学60个案例》。

1984年我除了做干训部主任外还任教中师班的心理学课，于是开始了改革中师课堂教学方法的实验研究。经过三年的探索，撰写的《一要有趣　二要有用》发表在《师范教育》上，《关于发挥教师主导作用之我见》发表在国家一级刊物《课程·教材·教法》上，后被《新华文摘》转载。

2. 校长教师两训工作研究。常规工作研究化是我能取得科研成果的一个重要原因。观念是：把旁人看来例行之事，尽可能从发现探究的角度去开展研究性活动。思路是：一手抓常规性培训，即深刻领会上级精神，认真落实上级培训计划；另一手抓创新，在执行上级培训计划的同时，又结合本地区实际情况，经过创新突破，超越上级培训计划，突出地方特色。

几年下来，我校的校长教师两训工作成绩显著，国家教育部派来调研的专家也给予了高度的评价。我县教师校长培训的经验也曾多次在省市的相关会议上作介绍；"坚持'四重、五为主、六环节'的系列化全员教师培训模式"的经验总结文章发表在《辽宁教育》上；之后我又陆续出版了《怎样听课评课》《名师启迪与骨干教师成长》等20多部校长教师培训方面的教育作品。

3. 中小学生学习指导研究。从1988年开始，我一边做校长教师培训，一边深入到县四中和县实验小学作开发非智力因素的研究和学法指导。大面积提高教育质量的实验研究，历时6年，也取得了很好的研究成果，研究报告发表在《教育探索》上，此研究成果获全国优秀教育科研成果一等奖。在实验和讲座的基础上，我又出版了《中学生实用学习方法指导》《小学生用功术与能力培养》

两本书。

4.为区域课程改革出谋划策。1990年以后，我先后被本溪市评为科技拔尖人才、心理学与教育学学科带头人。我把自己推向课程改革的前沿，几年时间为本地区课改不断出谋划策。2004年10月20日，辽宁省课程改革与教师培训现场会在本溪召开，国家教育部专家组对本溪的课改工作考察后给予高度评价。我出版的《新课程实施难点与教学对策》被评为全国优秀成果二等奖。

5.北漂回眸。2016年12月我在海南讲学，与北京华师教育研究院房涛院长相识，在他诚挚的邀请下来到北京工作。在华师教育研究院2017年度工作总结会上，我对北漂一年进行了盘点：

（1）一次人生重要转变：到北京华师教育研究院工作。喜欢去看的地方就去看，想实现的梦想就去努力，如果一生就走在一条街上，那你的世界就是一条街。如果你走过千山万水，看过所有想看的风景，那你的世界便变得广阔无垠，生机无限。

（2）立足两个生长点。教育发展历来有两个生长点，一是理论上的提高，二是实践上的突破。在理论与实践结合的碰撞中去找灵感和求创新。

（3）开发课程，创编三个课程纲要：《教师五种教学观念梳理》《教师教学法梳理与建构》《教师教学风格梳理与形成》。

（4）帮助朝阳区杨梅、张振华、梁爱芬、赵嘉明四个骨干教师完整地梳理专业成长报告。

（5）完成北京地区以外的五个基地安徽文汇、温州23中、河北滦平、重庆万盛、辽宁本溪的名师工作室工作交接服务任务。

（6）参与六场大型教研、科研学术活动。

（7）开发与引入七门课程。开发课程"教师五种教学观念梳理""教师教学法梳理与建构""教师教学风格梳理与形成""中小学自信教育""中层培训与团队建设"；引入课程"听课评课""教师微课题研究"。

（8）到北京朝阳区以外学校讲课，包括北京五中、北京和平街一中、北京文汇中学、北京崇文小学、北京灯市口小学、北京市昌平南邵中学、陈经纶保利分校、北京工业大学附属中学、垂杨柳中学等。

（9）参与对北京朝阳区基地校的服务工作，包括北京九十七中学、团结湖三中、十八里店中学、三里屯一中、柏杨小学、小武基小学、和平街小学、新源里四小、新升小学、百子园学校、高家园学校等。

（10）到全国各地讲学：吉林省教育学院（两次）、沈阳大学、辽宁基础教育教研培训中心、河南郑州、云南文山、内蒙古锡林浩特市、山东淄博、山东济南、辽宁盘锦、辽宁本溪、河北邢台（两次）。

研究微课题就像挖井，从挖一口一口的井到变成一个湖，30多年的研究使我在十几个领域都有了研究成果，并出版了60多部教育作品。

现在我到各学校，从教研到科研、从课堂到教师成长、从学校管理到课程建设，我可以作相关讲座，也可以进行指导与策划。校长老师们说：徐老师多年工作在基层，扎根于实践，他研究的问题，针对性和实用性强，是我们迫切需要解决的问题。读他的书，不用费力就能理解深奥的理论，在轻松的阅读中就收获很多。听徐老师的报告解渴，没有空洞的大理论，听得懂，用得上，操作性强。缘此，大家称我为草根教育专家。

二、微课题研究要有钉子精神

从不懂课题研究到搞课题研究，从自己搞课题研究到指导别人搞课题研究，笔者（此外指徐世贵——编者注）摸爬滚打了30多年。怎样才能做好课题研究？既要有专业的情怀，更要有种持之以恒的钉子精神。有位教师谈了这样的体会："最初就是从自己的无效的课堂用语开始思考，逐渐过渡到对课堂无效环节的研究，最后才对有效课堂教学有了自己的一些看法和思考。任何教育教学研究都属于科学研究的范畴，都需要精益求精。有了一定成果不能戛然而止，而应该与时俱进、不断探究。微课题研究因小而专，因专而精，因精而实。"

尽管微课题研究比大课题研究相对简单省劲,但绝不意味着微课题研究可以轻而易举获得,这仍需要教师付出一定艰辛的努力。为什么有些教师研究课题总会出现虎头蛇尾、有头无尾、不了了之的情况?就是因为这些教师缺乏持之以恒的坚持精神。

有一幅"挖井"的漫画,讽刺一个人做事如果没有持之以恒的坚持精神,最终只能一事无成。他已经挖了五口井,可惜就在第四口井马上见水的时候放弃了。这多么像一些老师搞研究,虎头蛇尾,浅尝辄止。做研究就像挖井一样,没有持之以恒的钉子精神是难以获得成功的。

教师做微课题研究,唯有冷静、审慎、专一才能成功。自己选择的路,哪怕是跪着也要走到底。

简单的招数做到极致,就是绝招。任何一份平凡的工作当你全身心去做的时候,它都是一个宏大的世界。海尔总裁张瑞敏说过:坚持把简单的事情做好就是不简单,坚持把平凡的事情做好就是不平凡。所谓成功与伟大,就是在平凡中作出不平凡的坚持。

做教师,须耐得住寂寞。当代哲学家、诗人周国平认为,人们往往把交往看成是一种能力,恰恰忽略了独处也是一种能力,而且在一定意义上而言,独处是比交往更为重要的能力。反过来说,耐不住寂寞,不会享受孤独,也未尝不是一种很严重的缺陷。独处是人生中的美好时刻,虽然有些寂寞,但寂寞之中却又有另一种充实。

有时成功是逼出来的。人都有惰性,教师做微课题研究坚持不下去与自己的惰性有关。这需要教师自逼一下,如果你不逼自己一把,根本不知道自己有多优秀。教师在微课题研究中遇到困难时也有必要逼逼自己,有压力才有动力。鸡蛋从外打破了是食物,从内打破了是生命;人从外打破是压力,从内打破是成长。退一步,山穷水尽;逼一逼,柳暗花明。

三、怎样把课题研究进行到底

那么，教师在微课题研究中怎样才能保持执著，发扬钉子精神呢？应该记住下面几个关键词：专业情怀、瞄准目标、不惧挫折、赢得时间、成功强化。

（一）专业情怀

微课题研究是从功利出发，还是从人生精神追求出发，往往是能不能做好微课题研究的关键。如果只是为了急功近利的职称评优评先搞研究，是搞不好研究的。如果是为了提升自己，把工作做得更好，就没有抱怨，就会克服重重困难去做，当然就容易成功。这就是有没有专业情怀的问题，人这一生，钱靠不住，权靠不住，最能靠得住的是专业特长。

美国的一家权威研究所曾经就"积累财富的方法"对1500人进行了长达20年的调查研究，结果发现：1500人中有1245人是以金钱为首要考虑因素去选择职业，剩下的255人则是以自己的兴趣为首要考虑因素，选择自己想从事的职业。20年后，在被调查的1500人中，有101人成了亿万富翁。而不得不提的是，在以金钱为首要考虑因素的1245人当中，只有1人成了亿万富翁，剩下的100个亿万富翁都是那些选择自己喜欢的工作的人。上面的调查启示我们，一个人做自己喜欢做的事不仅最容易获得成功，而且是快乐的、幸福的。

如果你能把微课题研究作为一种志趣，即将个人兴趣和微课题研究结合在一起，便能把有意义的微课题研究变成有意思的事情，把有意思的事情变得有意义。这是最幸运的，也是一种生活智慧，因为微课题研究的兴趣会使你内心充实，充满活力，使教育教学不会显得辛苦和单调，而且是快乐的、幸福的。

（二）瞄准目标

马云说："看见10只兔子，你到底抓哪一只？有些人一会儿想抓这只兔子，一会儿去抓那只兔子，最后可能一只也抓不住。"可见，明确了目标就要全神贯注，聚焦才是硬道理，聚焦才会赢。一个人什么都想要，最后反而什么都得不到。

教师做微课题最忌"这山望着那山高"，喜新厌旧，动辄移情别恋。目标确定以后，就要咬定青山不放松，不达目的不罢休。在任何一个领域里，只要持续不断地花六个月的时间进行阅读、学习和研究，就可以使一个人具备高于这一领域的平均水平的知识。所以教师做微课题研究，选对路子后一定要坚持下去，这样研究才会有深度。

（三）不惧挫折

世界上有两种人，一种人是成功者，成功者面对困难和问题有一万种解决办法；一种人是失败者，失败者面对困难和问题有一万种理由。做微课题研究，如果禁不住困难、挫折和失败的打击，是做不好的。因为做任何一件事都不可能是一帆风顺的。当一个人取得一点成绩的时候，人们容易看到的是成功、顺境的一面。其实，在掌声、鲜花的背后却伴随着艰辛、汗水、曲折、失败……

记得在辽宁教育学院学习时，我（此外指徐世贵——编者注）开始迷恋写论文。有一次，我将一篇论文送给我的一位老师看，因为自认为写得很不错，几天里我都很兴奋。此时，我期待着老师的鼓励，乃至赞扬。然而，当老师把论文转给我的时候，并没有赞扬，甚至连评价都没有，只告诉我"要好好打基础"。从他的表情中，我知道了，这篇论文写得不怎么样。

经历这次挫折，我并没有气馁，也没有放弃，我坚持写了下去，20年后这位老师再看到我写的论文，感到十分惊讶。现在大家看到的是笔者发表了一些文章，出版了60几部作品，获得了一些科研成果。其实这仅仅是外在的，在这所谓的成功背后，也有过无数次的挫折和失败。

特级教师张富对这一点也深有体会，他说："教改不能指望一蹴而就，要作长期打算，当效果暂时显现不出时，要坚持下去，不能半途而废。我从1960年开始就向报刊投寄教改文章，十多年时间寄出了几十篇，只登出过短短的几百字,我没有罢休,一直坚持实验,深入想,认真写,直到 1980 年,这是写文章的第 20 个年头,才正式发表了阐述观点的教改论文,此后一发不可收。"

受不了委屈就做不了大事。教师做课题研究一定会出现"三多"现象,即困难多、闲话多、挫折多,只有闯过"三多"才能到达成功的彼岸。

(四)赢得时间

教师做微课题研究最纠结的事,莫过于缺少时间,"两眼一睁,忙到熄灯"。天天忙成驴,累成狗,哪有时间去读书与做研究呀!的确,教师每天确实很忙,工作与做研究在时间上有突出,但是为什么在相同的时间、相同的环境里还是会走出不同的老师呢?

人生有很多不公平的事,但是有一种事物对每个人都是绝对公平的,不管富人还是穷人,不管男人还是女人,不管是当官的还是普通老百姓,都是一样的,这就是时间。时间对每个人都是公平的,但每个人的人生成就和高度却不尽相同。

艾森豪威尔有一个"四象限图",就是把要做的事情按照紧急、不紧急、重要、不重要的排列组合分成四个象限,这四个象限的划分有利于我们对时间进行深刻的认识及有效的管理。

象限一:重要且紧急的事情。这个象限包含的是一些紧急而重要的事情,这一类事情具有时间的紧迫性和影响的重要性,无法回避也不能拖延,必须首先处理优先解决,包括重大项目的谈判、重要的会议工作等。

象限二:重要不紧急的事情。第二象限不同于第一象限,这一象限的事件不具有时间上的紧迫性,但是在计划之内,具有战略意义,如读书学习、提高专业知识技能、健康养生等。它具有重大的影响,对于个人或者学校的存在和发展以及周围环境的建立维护,都具有重大的意义。

象限三:不重要但紧急的事情。第三象限包含的事件是那些紧急但不重要的事情,这些事情很紧急但并不重要,因此这一象限的事件具有很大的欺骗性。很多人认识上有误区，认为紧急的事情都显得重要，实际上，像无谓的电话、附和别人期望的事、打麻将三缺一等事件都并不重要。这些不重要的事件往往因为紧急，会占据人们的很多宝贵时间。

象限四：不重要不紧急的事情。第四象限的事件大多是些琐碎的杂事，没有时间的紧迫性，没有多高的重要性，这种事件与时间的结合纯粹是在扼杀时间，是在浪费生命。玩游戏、发呆、上网、闲聊、游逛、睡懒觉，这是饱食终日无所事事的人的生活方式。

从上面的介绍可以看出，第二象限是一个"高回报率象限"。事情重要，时间充裕，只要你肯于"投资"，你的收益定然不菲。但是，许多重要事情恰恰是被"时间充裕"拖进了第四象限，而重要事情一旦进入"第四象限"就变成了可有可无。

我（此处指徐世贵——编者注）是第二象限的最大受益者。读书、科研、专业写作都属于"重要不紧急的事情"。30多年来我没有因为它们是"不紧急的事情"而忽略它们，而认为"重要"所以关注它们，开发利用它们。我就是一个中专毕业生，书底很浅。可是经过30多年的努力，高投入给我带来高回报：出版60多部著作，到全国20多个省讲学，专业职称实现三级跳——评中学一级破一格，评中学高级破一格，而后又被评聘为辽宁省特级教师、首批正高级教师。还是鲁迅说得好："时间就像海绵里的水，只要挤，总会有的。"越忙的人时间越多。怎样看待时间不够用？那要看你怎样运筹。

爱因斯坦说："人的差异产生在业余时间里。"我不是一个智商很高的人，如果说我有什么特别之处，一是比较用功，二是有独立思考的习惯。30年来我很少休过节假日。我是五不会：不会喝酒、不会打麻将、不会吸烟、不会跳舞、不善交往。我把大部分的业余时间用于读书、学习、实验、创作。我自费订阅了十几种刊物，通过剪贴、抄写，积累了各种教学资料卡片几十本，达几百万字。读书学习已成为我生活和生命中不可缺少的一部分。

我的作息时间是"百灵鸟型"的，说起来也是一种怪癖。只要在家，晚上八点钟就睡觉,一般凌晨两三点钟起来(有时是 12 点钟起来)写东西,或者阅读。如果有睡意,可以再睡一会儿,如果没睡意,一直到吃早饭。这几个小时是我的黄金时段,每每进入这孤独寂寞时间,我很容易进入兴奋、有灵感的状态,很多东西都是这个时间写出来的。另外,双休日和寒暑假除了外出讲学、开会,这些大块时间都会被我利用起来。

我始终会提醒自己,我是一个底子薄的人,我是在不胜任教师的情况下当的教师,不胜任领导的情况下当的领导。知识底气不足怎么办?就要学,而要学就要坐得住,耐得住寂寞。

30 多年来,多少个黎明即起,多少个黑夜无眠,多少个假日不休,多少次地书海泛舟,多少回地奋笔疾书。是耐得住寂寞让我赢得了时间,是耐得住寂寞让我进步成长,可以说没有寂寞也许就没有我今天的成长。

"三更有梦,书当枕,半床明月,半床书"。我十分欣赏这种读书生活,我也希望自己能进入这种读书境界,我觉得读书确实是一种享受。

有一次,我爱人被对面楼的邻居拦住了,问:"你们家是不是有一个准备考大学的高中生?"我爱人不解地说:"没有哇!"邻居说:"那为什么你们家天天早晨两三点钟就有人起来看书?"我爱人笑着说:"噢,那是我老公天天在瞎用功。"

也许是应了大智若愚这种说法,由于学习上的如醉如痴,我在生活上没少闹笑话:

一次为赶写一篇论文,我早早起来,由于思想过于集中,写完后吃饭,吃完饭就去上班,竟糊里糊涂地把没上班的妻子和没上学的孩子锁在屋里,在邻里间惹出一场笑话。

一次去印刷厂校对书稿,在排字工作室将该厂一名工程师的鞋错穿回家,过了一个星期全然不知,直到再次到该厂去校对,在打字员的提醒下才发现。

一次上班竟然穿的是一只袜子。

……

我的研究成果产生于业余，根据个人体会，对于驾驭时间我总结了"八个一点"：

1. 计划一点（用最好的时间，去做最重要的事）；

2. 节省一点（讲效率，控制时间的浪费），把自己的时间分配给那些靠谱的人和事，把自己周围的人过滤一遍，清除掉低素质、负能量的人和事，缩小朋友圈；

3. 利用一点（业余时间的利用）；

4. 结合一点（梳理手头工作，做好工作的衔接与统筹）；

5. 替代一点（让别人替代我做事），杜绝事必躬亲，学会抓大放小；

6. 果断一点（不要犹豫，先行动起来，边行动边修正方向）；

7. 限时一点（争取在限定的时间内完成预定的任务）；

8. 安静一点（心不静什么事都做不成）。

（五）成功强化

失败是成功之母，其实成功更是成功之母。努力和奋斗的动力来源于对荣誉和成功的渴望。成功最能激发和强化一个人的努力和奋斗的动力。从开始发表一篇篇小文章的成功，到后来发表大一点的文章的成功，再到出版教育专著的成功，是成功让成功更大更多。而许多人恰是努力后总是失败，最终选择放弃。

一根稻草丢在大街上是垃圾，绑在大白菜上可以卖白菜的价格，绑在大闸蟹上就是大闸蟹的价格。李嘉诚的司机给李嘉诚开车开了30多年，准备离职，李嘉诚看他兢兢业业干了这么多年，为了能让他安度晚年，拿了200万支票给他，司机说不用了，一两千万还是拿得出来的。李嘉诚很诧异，问："你每个月只有五六千收入，怎么能存下这么多？"司机回答说："我在开车的时候，您在后面打电话，说买哪个地方的地皮，我也会去买一点，您说要买哪只股票的时候，我也会去买一点股票，到现在已有一两千万的资产！"

所以教师在做微课题研究时也不要盲干。一方面要注意经常反思，总结经验教训；另一方面还要学会"借力"，读好书，交高人。一个人能走多远，看他与谁同行；一个人有多优秀，看他有什么人指点；一个人有多成功，看他与什么人相伴。多向专家名师请教，尽可能少走弯路。有了一次次小的成功拾阶而上，增强了信心，才会逐步向大的成功迈进。

　　找一件值得干的事，用一生的时间去干好，请相信，所有的持之以恒未来都将得到回报的。